别让孩子输在情商

全新增订版

钟思嘉 黄蕊 / 著

華中科技大學出版社
http://www.hustp.com
中国·武汉

图书在版编目(CIP)数据

别让孩子输在情商：全新增订版 / 钟思嘉，黄蕊著. —武汉：华中科技大学出版社，2018.12
ISBN 978-7-5680-4453-0

Ⅰ. ①别… Ⅱ. ①钟… ②黄… Ⅲ. ①情商—儿童教育—家庭教育 Ⅳ. ①G78

中国版本图书馆CIP数据核字（2018）第147164号

别让孩子输在情商：全新增订版 钟思嘉 黄蕊 著
Bie Rang Haizi Shuzai Qingshang: Quanxin Zengdingban

策划编辑：娄志敏
责任编辑：康 艳
责任校对：刘 竣
封面设计：三形三色
责任监印：朱 玢
出版发行：华中科技大学出版社（中国·武汉） 电话：（027）81321913
武汉市东湖新技术开发区华工科技园 邮编：430223
印 刷：武汉精一佳印刷有限公司
开 本：710mm × 1000mm 1/16
印 张：16
字 数：180千字
版 次：2018年12月第1版第1次印刷
定 价：49.80元

华中出版

本书若有印装质量问题，请向出版社营销中心调换
全国免费服务热线：400-6679-118 竭诚为您服务

和孩子一起成为情商高手

有一次，我应邀参加一期电视节目，在节目中，我与主持人谈论了有关“情绪智力”的问题。美国一本杂志报道，有效预测一个孩子未来成就的决定因素，不再是传统上人们认为的IQ（智商），而是近些年来心理学家不断研究证实的EQ（情商）。

美国心理学家戈尔曼（Goleman）于1995年出版了一本畅销书《EQ》，此书被引入中国后，在媒体的大力宣传下，情绪智力在我国形成了一股热潮。在许多场合中，我与很多父母谈起EQ，大家仿佛都知道这个名词，但对于其真正的含义却不见得能了解清楚。

人人都在谈论情商的重要性，到底什么是EQ？EQ主要包括三项内容：正确地识别、评价和表达自己情绪的能力；识别他人情绪的能力；调节情绪的能力。EQ是相对于传统上我们所知道的IQ而言的。EQ在英文中原是Emotional Intelligence（情绪智力），后来演变为Emotional Quotient（情绪商数，简称情商）这个名词，与大家熟悉的IQ对应。其实，EQ这个名词的内容与过去我们所知道的“了解自我、人际沟通、情绪管理、同理心、创造力”等能力都有关。换言之，EQ其实正是我们中国人所谓的做人处世的能力。

美国一些研究者发现，许多智力高的人在长大成人后，并未如预期的那样，在事业上有很高的成就，反而一些智力中等的人却有着很高的成就。探究其原因，我们得知，一个孩子若在成长中懂得换位思考，学会与别人和谐相处；从事一些活动或工作不轻言放弃，有着坚持下去的毅力等，那么他在将来长大后，很可能就会有很好的人际关系和事业成就。同时，一个人的个性若是稳定、不急躁、自信，亦能有助于其在未来获得成功。戈尔曼综合许多有关智商与成就的研究后发现，智商对人生成就的影响力至多只占20%，其余80%是由其他因素所致。因此，仅以智商来预测一个人的成就是狭隘偏颇的。一个人能否有所成就，关键在于：面对人生挫折和困难时，是否有足够的韧性和弹性？自我反省的能力够不够敏锐？了解别人、与人合作的意愿如何？诸如此类的种种能力才是人们工作、生活、学习的动力，才是让生活更加美好的源泉。

对于成年人而言，EQ能力基本成形，不是不能改变，只是不那么容易，需要很大的决心和努力。但对于孩子而言，如能从小慢慢地培养，其EQ的提升却是大有可为的。目前，我们很难去测量孩子完整的EQ，但已经有一些实验证明孩子的耐性对其成就会产生影响。然而我深信不管用什么名称，无论EQ、人格特质、社会智力、人际智力、自我管理能力……都说明一件事：多重视孩子除了功课以外的能力吧！如果父母真是为孩子未来着想，此刻该重视的应是让孩子拥有一个健康的身心，而不是让孩子成为一个读书机器或考试高手。

父母帮助孩子提升情商（EQ），应从孩子还小的时候就开始做起，比如给孩子提供培养稳定情绪和发展各种能力的家庭环境，尤其是父母本身的情绪和个性不能急躁，不能没耐性、没信心，因为父母是孩子最早、最直接的学习模仿对象。父母是什么样的人，比采用什么样的教育方法更重要。父母宜多鼓励孩子发挥专注力、耐性、换位思考、与人合作等良好特质。除此之外，父母不要过分重视成绩，担心孩子的未来。人生是长跑，你的担心多数情况下只会令亲子关系变得糟糕。

父母把孩子带到这个世界上，理应是孩子最亲的人。只有先把自己“调到”和孩子同一频道，建立稳定的情感联结，孩子才能更好地“接收”父母的教导。所以，培养情商（EQ）这个人生议题，我们应和孩子在同一条船上。

别担心，只要用心出发，多多练习，在实践过程中一起努力，父母和孩子就都能从中获益，成为从容淡定的情商高手。

别让孩子
输在情商

目录

CONTENTS

Chapter 1

你的情绪决定着孩子的情商

Chapter 2

做孩子情商的镜子

Chapter 3 用同理心帮孩子找到正面情绪的动力

Chapter 4 和孩子谈“情”说“爱”的艺术

Chapter 5

父母教子有策略：开启孩子的情商宝库

Chapter 6

疏导孩子的情绪：培养孩子的品格和能力

Chapter 7 用平常心鼓励孩子：将孩子的“苦读”转变为“乐学”

Chapter 8 给孩子准备了那么多，你自己呢？

Chapter 9

新时代“新”父母：不同年龄段孩子的教养策略

别 让 孩 子
输 在 情 商

Chapter

1

你的情绪决定着孩子的情商

还记得儿子、女儿降生的那一刻，第一眼看到那张小脸时的感觉吗？

孩子第一次朝你微笑，迈出人生第一步，第一次喊出爸爸妈妈……

在你的内心深处，是否漾起莫名的感动？

从孩子出生那一刻起，你的整个人生都变得不一样了。

每每凝视那稚嫩的脸庞，你暗下决心：要做个好爸爸/好妈妈，把孩子养育成才。

可是孩子渐渐长大，他们时而化身小天使，时而变身小恶魔。不知有多少父母处理起工作上的事情井井有条，人际关系游刃有余，面对自家孩子却时常抓狂。好说好商量孩子根本不理你，非要声色俱厉地发威，他们才肯按你的要求动一动。

回想自己的成长经历，我们从前对自己的父母不满时，也曾暗下决心："等我做了父母，我可绝对不会那样做。"直到有一天我们突然发现，我们不知不觉地开始了训斥、威胁孩子，不停唠叨、警告、甚至央求……面对孩子的反抗气得要爆炸，只想暴力镇压，如果还不管用只能承认无计可施，最后任由他去了。父母本是这个世界上最爱孩子的人，然而明知有些教育方式可能不恰当，却总是控制不住自己。

在教养孩子的过程中，你往往会被一些非理性的想法和不合理信念侵扰，让你感到忧虑、情绪失控，不能以平常心对待孩子。这些负面的想法、情绪最终会影响到孩子情商的发展。因为孩子情商的发展在很大程度上取决于你的情绪。

那么，怎样才能避免非理性的想法，甩掉不合理信念，培养孩子的高情商呢？希望本章内容可以给你一些启发。

1 你为什么如此生气

睿凡："妈妈，我有个事情要跟你说一下。"

妈妈："怎么了？是不是在学校又闯祸了？"

睿凡："……那算了。"

妈妈："快说，到底什么事？"

睿凡："那你不能生气。"

妈妈："不会！妈妈保证不生气，快跟妈妈说，到底发生了什么事？"

睿凡："那个海鹏总是来烦我，今天课间操他在我旁边又给我起外号，我就推了他一下，老师说我们打架，罚值日一个礼拜，老师可能会打电话给你……"

妈妈："什么？你又和人家打架，你怎么那么不听话呢！这刚开学多长时间啊，打架这个事情已经第几次了？不长记性是不是？真快被你气死了！"

睿凡："说好不生气的……"

妈妈："打架又不是什么好事情！自己做错了事还有理了！"

睿凡委屈地跑回房里，客厅里留下气急败坏的妈妈。

孩子考试不及格还偷改分数，上课外补习班的时候溜去网吧玩游戏，这样的事情发生在任何人家里，相信父母都会气得不得了。这个时候，要是有人跟你说，“到底是你家孩子功课不好，还是你的功课不好？如果是你的事，你才应该这么生气难过……”你一定觉得莫名其妙，甚至甩他个大白眼，觉得这人站着说话不腰疼。

要知道，没有父母不对孩子发脾气的，而且生气的情绪很正常，也有各自的理由，绝大部分情况都可以归为一句话：“孩子不听话。”然而，很少有人会去想自己到底为什么生气。每每与父母探讨生气的原因，绝大多数父母都在数落孩子的不是，却少有人谈到自己内在的想法。

虽然做父母的都难以接受前文“不合情理”的说法，但归根结底，我们还真的无法反驳——无论我们是多么为“他们着想”，无论我们对他们“寄望多高”，我们还是要回答这问题：这是谁的事？

没错，下面我要说一句很残酷的话了。你之所以那么生气，是因为你把它当成你的事了。功课不好，被老师批评，进不了好学校，“你”会觉得没面子；在外面惹事胡闹，是“你”教子无方，是家门不幸。

那么，发生这样的事，孩子是怎么看呢？孩子不能接受的是，他的功课不及格，你为什么比他还气。可能潜意识里还会抱怨，他好像是在为你读书、为你而活一样。

父母之所以会生气，往往并不是由于事情本身，而是内心有了负面的想法。这些想法有时一闪而过，有时连我们自己都察觉不到，它们大致可归为以下四类。

（1）不幸事件：视孩子不听话的行为是很严重的、了不得的事，进而担心孩子将来会如何如何。

（2）应该、必须：认为身为家长，就一定要对孩子严加管教，对不良的行为加以批评、纠正，否则孩子难以健康成长。

（3）无法、不能：觉得自己不能放纵孩子，无法忍受孩子犯错。

（4）自责、内疚：觉得孩子的不良行为是自己无能的表现，从而产生一种没有价值、没有面子的挫败感。

孩子做了惹父母生气或伤心的事时，父母总是告诉他：孩子你错了！我们这么生气、这么伤心都是因为你！你该为我们的反应负责。生气的父母很难去了解孩子行为的真正理由，他们经常只是或打或骂发泄一番，告诉孩子惹父母生气是不对的。孩子在这种信念下长大，内疚和恐惧就这样控制了孩子，渐渐地孩子也愈发觉得自己该为父母的不悦负责，似乎越是如此就“越不会做错事”。

如果我们相信自己应该为父母的感受负责，那么，这个信念当然也可以延伸成另一个相同的模式，即别人该为我们的喜怒哀乐负责。自己痛苦了，自然也可以责怪别人。如果一个人该为别人的感受负责，这个人实际上就是将自我禁锢在内疚与责备的怪圈中，而不知道自己有权利也有责任决定自己的选择，选择另一种反应方式。

因此，父母唯有了解情绪的主宰者是自己，自己的情绪产生不是因为孩子的行为直接引起的，而是经由自己的信念或想法产生的，才能成为自己情绪的管家，才能更加冷静、从容地教育孩子。

所以下一次快要生气的时候做个深呼吸，记得两件事：一是情绪的控制在于自己，包括决定自己要不要生气；二是有些想法不合理。孩子在成长过程中，犯错误是在所难免的，这没有什么大不了；我不必非得如此；我可以接受；我也不必自责。那么，如何才能做到少生气甚至不生气呢？别急，慢慢来，要知道，耐性也是情商的特质之一哟！

2
那些伤害孩子的父母怎么了

媒体上时不时就会出现一些父母虐打孩子的新闻，这样的事情一直都有发生，并不会因媒体报道而停止。这些孩子的父母真的是那么狠心吗？确实有极少数的父母因为个人心理或精神方面的问题而做出了伤害孩子的行为，事实上绝大多数伤害孩子的父母并没有“虎毒食子”之心，他们只是没有处理好或控制住自己的情绪，而导致其情绪失控的主要原因不外乎夫妻不和、家庭经济状况不佳、孩子不服管教等，这种在盛怒之下出手的行为，自然随情绪高涨而下手不知轻重。

有位父亲说前一天他没忍住，打了六岁的儿子，第二天吃早饭的时候儿子怯生生地问：“爸爸，你还打我吗？”那一刻，他的心都碎了。不少父母告诉我，他们消气之后很后悔这样对孩子，而且提醒自己下次不要再这样做，可是下次情绪上来的时候，他们却忘了，或者说不知道还有什么方法可选，以致又一次重蹈覆辙。

做父母并不意味着你绝不能发脾气，偶尔生气激动、情绪暴躁，乃是人之常情。人们往往在二十多岁结婚生子，这种为人父母的初体验，在自己都没有弄明白人生是什么的时候就已经开始了，你要去抚养、引领另一个生命，陪伴、帮助他成长。父母这个称谓对于很多人来说，颇有赶鸭子上架的感觉，尤其是当父母过去的生活轨迹只是按部就班地上学、工作，欠缺一些对人生的思考与审视的时候，就更显得有点力不从心。孩子的人生多半也只能按照父母的成长模式复制粘贴。

当父母实在不是一件容易的事，如果把为人父母看成一份职业，这一定是天下最复杂的职业，也是最伟大的职业。中国传统文化强调孝道和严教，在此影响下，如果父母的初衷在于教育和帮助孩子改正错误，那么，这种出于爱的惩罚往往可以被接受，但是这种做法不仅伤害了孩子的身体，也给他们造成了情绪上的困扰。

不能否认，做父母也是需要学习的，相信正常的父母都能够诚心地爱孩子，愿意在教养的过程中和孩子一起成长。要帮助自己和孩子提升情商，父母得从情绪管理着手。首先是改变自己的一些想法，如果我们仍视孩子为自己的财产或附属品，不尊重孩子是独立的个体；如果我们仍视孩子的一些不当行为是严重或不幸的事件，并不把它当成是孩子成长中需要慢慢学习、改善的行为，那么，这种非理性的想法仍会操纵着我们的情绪，让我们不由自主地去伤害孩子。

如今以教育为名、行虐待之事的体罚早已不再适用，因此，要在想法上改变，以合理宽容的想法去看待孩子的行为，以尊重接纳的态度去对待孩子是第一步。而第二步则是针对自己本身的问题(婚姻、经济等）来谋求解决之道，不将情绪带给孩子。第三步是学习一套系统的教育孩子的策略和方法。眼下能做的第一件事，就是在你快要发火时，记得你还有更聪明的选择。

3
不做“压力锅”妈妈

“从一大早开始，我就有气！”一位妈妈说，“我家孩子每天早上闹钟要响好几遍或者我去掀他被子时他才肯起床，洗脸刷牙也不紧不慢的，早饭都给他盛好了也来不及吃几口，时间都快来不及了还在厕所磨蹭，不催不行，不喊不行。”你以为这就结束了吗？并没有！早晨的这场战斗才过去数小时，孩子就该放学了，这时候她又得面临另一场战斗。因为从孩子放学到上床睡觉的这段时间里，她除了忙于家务外，还要盯着孩子做功课、洗澡、上床睡觉，这一切的一切，让她很难保有一份好情绪。

妈妈们经常会遭遇这种情形，当这种情形日复一日、周而复始地出现时，她们的情绪就像压力锅里的空气一样，积聚着、翻腾着，每时每刻都像压力锅的出气孔在不停地“嗞嗞”冒气，一旦被孩子的某些言行所刺激，她们的情绪就如同压力锅中聚满的热气一样，猛地爆发出来，连她们自己都不知道为何会如此。

人的情绪一直是个很难处理的问题，对于孩子蹦蹦跳跳的言行，你有时觉得活泼可爱，有时又会觉得烦人讨厌。为什么面对孩子同样的行为，你却有不同的情绪反应呢？主要原因是在不同的时间你有着不同的想法，而这种想法常来自或逐渐形成于所谓的“信念”。

美国心理学家艾里斯认为：在日常生活中，人们常常会因不愉快的事情而产生一些不合理的信念，这是造成人们情绪困扰的主要原因，而父母由于这些错误的直觉和不合理的信念，常不自觉地迫使自己深深陷入情绪困扰的旋涡中。这里有一些广为父母信奉的错误信念和教养上的误解，我们不妨来看一看，你有没有受到它们的影响。

· 对子女的教养方式“必须”广受亲朋好友、邻居的赞同，我才是一个好父母。

· 对子女各方面的教养，我“必须”都能愉快地胜任。

· 所有的事都要尽如我意，如果不是这样的话，那就太糟了。

· 人的行为总是受环境支配，所以父母“不应该”去改变现有的事实。

· 如果我是有效率的父母，我的孩子一定表现优异，不会出差错。

· 如果孩子做错了事，我必须对子女的行为负责。

不合理信念通常视一些不如意的事情为不幸或大灾难，或认为自己没办法控制，进而不能忍受；或自责自己没有价值；或用许多“我必须”“我应该”等自我要求的言语给自己压力，进而造成情绪上的波动。这些不合理的信念常常交织缠绕在一起，支配着父母在家中的态度和行为，深深地影响了父母与子女的生活，常令二者陷于对立冲突的困扰中。

举例而言，面对孩子不听话时，你得首先检视一下自己内心的信念或想法是什么，比如：

- 孩子不听自己的话是很严重的问题。
- 我必须立刻加以管教，否则以后怎么得了！
- 孩子不听话，让我觉得自己没有用。

如果被诸如此类的信念或想法困扰的话，你就会产生负面、困扰的情绪。

倘若你能换一个角度来看孩子不听话的这个事情，比如：

- 孩子不听话的确令我难过，但并不代表世界末日。
- 虽然我不喜欢孩子这样，但也许他是有原因的。
- 做孩子的难免有这种情形，我可以试着去接纳他、开导他。
- 孩子不听话，并不意味着我没有价值。

若持有类似的信念或想法，你的情绪感受就不会太坏，这就是所谓合理宽容的信念或想法。

因此，在教育孩子的过程中，如果你遇到令你备感压力的事情，首先要对这件事情进行重新评估，找到其中暗藏的不合理信念。当你开始思考这些情绪背后的原因时，你的压力阀门就会打开，内部的压力就会降低，为进一步调整情绪做好准备。

4

转变不合理信念的七条策略

在了解了自己生气的内在想法，也清楚了它们所造成的情绪代价之后，也许你会说："我知道这些问题是怎么来的，却想不到有什么方法能让它们消失。我当然想改变，可是却不知道如何是好。"

下面列有7条关于改变不合理信念的策略，家长们可以作为参考，由于给出的都是策略性的建议，请正在阅读的你结合自己过去的有效经验，发展出适合自己的、并且能够真正做到的具体方法。

（1）接纳自己的情绪。如果你很生气，不需要压抑、掩饰，坦然地面对和承认，已经横眉怒目、青筋暴起了，就别嘴硬"我没生气"了。然后衡量一下：这种情绪对于解决问题有多大用处。当内心的怒火燃起，也许点火的是别人，烫到的却是自己，火越烧越大，理智剩得就越来越少。所以记得，承认并接纳自己的情绪，是管理情绪的重要步骤。

（2）肯定改变的意愿。问问自己是否想改变，先别急着回答"当然想"，改变从来就不是一件容易的事。不是先要别人改变你才试着去改变，是从你开始，放弃那些旧有的、你熟悉的但效果不好的处理事情的方法，转而尝试新的、陌生的、不一样的方法。如果确实有信心改变，那就为自己制订一个改变计划，实施某种改变策略，一星期后再做评估，然后决定是否持续或修正。这里的计划不需要多么宏大，一个简单的任务即可，比如不在吃饭的时候批评孩子，不过一旦开始就要坚持，每天如此，一星期后再评估效果。

（3）听听自己的说话声调。讲话的语气音调是情绪态度的信号。如果孩子听到父母提高八度直呼自己的大名，那他十有八九会意识到要挨批了。试着让自己心平气和地说话，有助于帮情绪降温，不仅会让你在信念和感觉上比较安定，还会让你体验到新的情绪经验。比如，孩子瞒着你偷跑去网吧，你最先表现出的情绪往往是愤怒，但其实背后还有担心，以及信任被辜负的失望、难过等。

（4）转移思考目标。当你沟通时发现自己的情绪不好或者感觉不对时，停止交谈、沉默或离开现场。如果不能离开现场，则不妨暂时转移焦点，做其他的事，避免在不愉快的情绪中间越陷越深。在情绪低潮时，暂时不要逼自己面对孩子的种种烦心事，因为当你被情绪左右，你的智慧就已经离家出走了。有人会去做运动，有人会去跟好朋友倾诉，有人选择写日记、画画、敷面膜，总之不要带着沉重的情绪做决定。

（5）避免直接的冲动。对孩子的一些不好的言行不要过早或太快反应，因为孩子的行为背后有其目的或动机，别因为冲动，忽视了这些动机，反而强化了孩子的不良行为。比如，忙了一天，你还是不得不带工作回家，本想着吃过晚饭赶快把工作完成，没想到孩子状况不断。时不时弄出很大的声响，跑到你面前要你帮忙，晃着你的手臂跟你说话，如果还不小心把水撒到你的文件或者电脑上，你是不是就发火了？如果你有办法让自己在情绪爆发的边缘停住，你会发现，绝大多数孩子其实并不是故意捣乱，一天没见你，他不过是想得到你的注意，在这个家中找到存在感。如果你了解到这一点，你们的互动就是另一番景象了。

（6）学会自我放松。在这个忙碌的世界中，我们每天都忙着与人相处，与环境相处，好不容易有了空闲的时间，刷刷手机、追追剧、打打游戏也就过去了，很少有时间与自己相处。每个人每天都需要一段或长或短的独处时间，以便获得心灵的松弛，安静放松地听听音乐、看看书、正念、冥想等都是不错的方法。

（7）反击不合理信念。当自己感觉到有负面情绪时，检视内在的不合理的想法，然后告诉自己按下暂停键，并以合理的信念来取代它。我们在此列出一些容易导致父母自我挫败的不合理想法，试试看，用怎样的合理信念取代它。

· 我们必须受到生活环境中每个人的喜爱和赞同。

· 父母必须在教育孩子上具有相当的能力，进而证明个人的价值。

· 当孩子的行为不如预期，那是十分糟糕的。

· 孩子不听话对父母而言是一种挑战。

· 孩子问题的解决，父母能做的努力很少，我们只是被动地处理孩子的问题。

· 孩子的过去决定他的现在，所以父母对他的行为无能为力。

· 父母对孩子的不当行为要负全责，因为只要自己早加以管教，孩子就不会再犯错。

如果你想到自己生活中似乎也有一些不太经得起推敲的信念，不妨也写在下面：

____

____

____

____

____

家长们要多多鼓励自己，可别说："你讲得简单，做起来很难。"这样，又是在滋养自己的不合理信念了。或许你可以换个方式，对自己说："嗯，确实不简单，但是我可以试试看！"

5
找对方法才能催生孩子的EQ之花

一个通信行业的朋友说，养个孩子就像打游戏，建个账户，起个名，然后就是想办法去升级，不断地砸钱，砸钱……

随着基因编辑技术和下一代测序技术等分子生物学技术的发展，人类对生物基因有了非常精确的编辑修改能力，这样的能力除了能够帮助人类治疗和预防疾病，会不会也能设计婴儿或创造超人呢？比如通过基因筛选等功能，让自己的孩子更加聪明漂亮；通过加强某方面的基因，让孩子具有更多舞蹈或者绘画天赋？早在2014年，澳大利亚生育专家发布了一项基因技术，宣称可以让女性在怀孕前“选择”未来孩子的身高甚至眼睛颜色。

这像不像你玩游戏时初始的人物设置？五官，身材，肤色，智力，速度，耐力……都可以凭你的喜好设计，如果未来真是这样，你会去定制你的孩子吗？还是你会潇洒地按下“random”（随机），接受他本来的样子？

几年前，中国健康家庭协会在暑假期间举办了“天生赢家——儿童EQ成长营”，可能是被EQ这一热门话题所吸引，短时间内便报名额满。更让我惊讶的是，大多数家长都踊跃参加了行前说明会，并提出一些期望和疑问。

除了对营中食宿、安全和活动展开询问外，有些家长还提出了一个期望："我的孩子脾气不好、情绪不稳定，EQ成长营是否能解决这个问题？"当时，我以幽默的口气回答说："如果三天两夜的营队能立刻改变孩子的话，家长应该付一百万元。"这当然是一句玩笑话，没有人敢保证三天便能让一个人脱胎换骨。我对在场的父母解释说，对于孩子而言，他们的EQ还在萌芽，不同于大多数成年人的EQ基本成形或定形，成长营只是EQ培养的开始，之后仍需家长和学校教育的持续浇灌，也许5年、10年。经由不急切期待、不拔苗助长的态度和方法，孩子的EQ才能从幼苗长成大树，开花结果。

事实上，我在EQ成长营的观察及辅导员的反映中发现，不少参加成长营的孩子都是小王子、小公主，在家时父母对其宠爱有加。因此初到营队时，他们总呈现一些不适应的状况，而后在活动过程中，他们才渐渐地展现个人表达和人际合作的能力，而且在情绪觉察和管理活动中，这些孩子也有了新的发展。我们盼望的是孩子回家后仍能在父母的教育下继续努力培养EQ能力。

也许你的孩子没有参加过此类成长营，但是你可以通过对自我情绪的管理，让孩子在一种父母情绪稳定的家庭氛围中，逐渐培养出在社会上立足和有所成就所需的EQ。其实，目前对EQ的主张可谓百家争鸣，所举的内容和培养之道亦是包罗万象，不胜枚举。按照畅销书《EQ》的作者戈尔曼博士的说法，父母对孩子的情绪教育有5个步骤，分别简要介绍如下。

（1）察觉孩子的情绪。孩子如同成人一样，他们的情绪背后有其原因，不管他们是否清楚原因何在。当父母发现孩子有不明来由的怒气或沮丧时，别急着转移他的注意力，不妨停下来了解他们生活中发生了什么事情，并且运用一些方法来帮助孩子，引导他们安全地表达各种情绪。

（2）体察情绪是亲近孩子和教导孩子的机会。一些父母试图忽视孩子的负面情绪，希望他们的这些情绪能够自己过去，但父母经常发现这个方法的效果不好。一味地否认或回避，并不会让情绪消失。事实上，父母在情绪的疏解方面要给孩子以协助，帮助他们澄清情绪、了解情绪，才不致使孩子的负面情绪加剧或者泛化。

（3）换位思考式的倾听和确认孩子的情绪。孩子的情绪需要父母通过注意他们的身体语言来觉察，如面部表情和姿势。但是别忘了，孩子也会观察父母的身体语言。因此，父母可以用一种轻松但专注的态度来倾听孩子，可以通过不带质问的语气来询问孩子，了解他的情绪。比如，“你今天看起来情绪不高啊，是有点累了吗？”然后，等待孩子的反应。不要怕自己猜错，即使说得不对，你充满关心的语气也会使孩子愿意告诉你他的真实感受。

（4）帮助孩子用语言表明情绪。当父母看到孩子流泪，可用同理心来反应：“你觉得很伤心/委屈，是不是？”这可以让孩子了解，并学到描述情绪的字眼。研究显示，一个人若能用适当的言语形容情绪，可以帮助自己在神经系统上取得宽心或镇静的效果。当然，这并不是让父母告诉孩子他们该有什么情绪，而只是单纯地协助孩子发展表达情绪的词汇。除了喜、怒、哀、惧四种基本情绪之外，如同成人一样，孩子也会出现混合情绪或复杂情绪，这时父母可以通过语言让孩子了解这是正常的，比如，父母可以对孩子说："我知道你对参加少年鼓号队的选拔有点兴奋，也有点害怕。"

（5）与孩子商讨解决之道。父母要让孩子了解自己的情绪不是问题，偏差行为才是问题，这是帮助孩子成长和进步的关键。当孩子因情绪问题而出现偏差行为时，父母可以与孩子一起讨论问题的解决之道，帮助孩子调整行为。举例而言，父母可以说："我知道凯凯拿了你的东西，你很生气。如果是我也会生气，但你打他是不对的。我们一起想想看，有没有别的解决方法。"

Chapter

2

做孩子情商的镜子

觉察情绪，你才能了解孩子的情绪；调整情绪，你才能处理好孩子的情绪；管理情绪，你才能帮助孩子保持好情绪。教育的最佳状态在于润物细无声，家庭教育不在于每天耳提面命，给孩子讲道理，而是在点滴的日常生活中影响孩子。一个热爱阅读的妈妈，胜过整天逼着孩子读书的妈妈；一个积极努力工作的爸爸，胜过把人生希望都寄托在孩子身上的爸爸。

中央电视台曾推出一部探讨家庭情感教育的纪录片《镜子》，之所以取名“镜子”，据导演说是因为“孩子是家庭的一面镜子，而家庭更是社会的一面镜子”。在生活中，你是否能迅速觉察、调整、管理好自己的情绪，当好孩子情商的镜子呢？在我们教育孩子的过程中，觉察情绪，你才能去了解孩子的情绪；调整情绪，你才能处理好孩子的情绪；管理情绪，你才能帮助孩子保持好情绪。

1 透过“镜子”看清自己的情绪

在一些演讲场合中，我喜欢在开场时做一个小调查，我会问来听演讲的父母：“今天早上起床以后，有没有人对孩子发过脾气？”这时我总会看到有至少两成的父母举起手，于是我接着问：“过去一天里，有没有对孩子发脾气的？过去的一个星期里，有没有对孩子发脾气的……”正如我预料的那样，除非不和孩子住在一起或不是主要照顾者，越来越多的家长举起手来，最后只剩下极个别的家长表示他们在过去的一段时间里没对孩子生过气。

几乎没有哪个父母不对孩子发脾气的，而且生气是一种很正常的情绪，婴儿在二至七个月，就已经发展出了包含愤怒在内的基本情绪了。越是原始的情绪，蕴含的能量就越大，而疲劳会极大地损耗我们的自控力，引起认知功能下降，如果孩子这时候再来招惹你，结果便可想而知。

父母会对孩子发脾气，归根结底一句话：“孩子不听话。”没有按照你的要求做事、没有达到你的标准都还算好，若是屡教不改而且态度恶劣，那很多父母可就忍不了了。孩子出现问题行为，常常代表着他们心里有强烈的感受和冲突，自己无法处理，也无法言明，于是只好以各种问题行为表现出来，意图其实是为了保护自己。若父母被自己的情绪牵着走，急于纠正孩子，让孩子改变那些问题行为，就好像剥夺了孩子保护自己的盔甲，孩子不得不去寻找另外一个情绪出口。这也正是很多父母的困惑所在：明明已经那么重视对孩子的管教了，为什么还是防不胜防，孩子总是状况不断？

孩子出现了问题，家长不能自乱阵脚，而是要先平静下来，不急不躁，避免小题大做，把自己的情绪稳定之后再去面对问题。和自己的情绪纠缠在一起，你中有我，我中有你的状态会使你对调整情绪无能为力，很难看清问题的全貌，更不能表现出适宜的教养子女的态度和行为。

如何稳定情绪呢？很多人会说可以深呼吸、洗脸、喝冷水等，这些有效吗？有，但效果有限。处在情绪旋涡里面，即使来个冰桶挑战，对于相当一部分人而言也收效甚微。

我们常说，觉察是改变的开始，自我觉察也正是EQ的基础。每当询问父母如何增进自我觉察时，多数父母一脸茫然，偶有几个人会说观察自己的行为，比如心跳、呼吸的生理状态，烦躁、不安的心理状态，眉头紧锁、双拳紧握等肢体动作。情绪既是生理的也是心理的，行为是情绪的镜子，一个人如果具备良好的察觉自己行为的能力，那么，他觉察情绪的能力也较高，所以锻炼自己的觉察能力可以从行为状态入手。

其次，在生活中寻找一些具体事件做分辨情绪的练习。比如，孩子放学晚归时，分辨一下自己的情绪是担忧？是生气？还是两者交错成的复杂情绪？其中又是以哪一种情绪为主导？人们常说知己知彼，如果能够识别出这些主导你的情绪，距离管理情绪就又近了一步。很多父母恐怕对自己的情绪也不太清楚，有一种父母，看到小孩跌倒了，心里明明是担心，但他们当场反应却是生气，“你为什么不好好走路？”“让你不看路！摔了吧？你到底怎么回事啊？”责备孩子不小心，甚至动手。如果能够分辨自己的情绪真相，这些家长的反应就会有所变化，比如，“有没有受伤？”先表达关心，再表达“走路不好好走，妈妈很担心你受伤”，而不是当场以愤怒的情绪去取代焦虑。

此外，你还可以通过观察孩子的反应来了解自己的情绪，比如，发现孩子在某一时刻没有像往常那样亲近你，避开你或者直接问你是否在生气等，这时你就应该审视自己的情绪，因为孩子的直觉很敏感，能感受到家中气氛的微妙改变以及你情绪的变化。请相信这一点，别忽视孩子这面家庭的“镜子”。

2

跳出情绪旋涡，辨识情绪真相

有一天，王太太在家长团体里哀怨地说自己在家里一点儿地位也没有。我请她举个例子描述这种感觉，她说："每当我心情不好的时候，家里人都像没看见一样，他们根本不关心我！"

我请她进一步描述在她情绪低潮时，家中的气氛如何，她用了"低气压"几个字眼来形容。因为每到此时，她的先生和两个孩子都绕着她走，不敢接近她，而且都远远地观望，似乎在等她自己调整好心情了，才装作没事一样过来跟她说话。对此，王太太觉得很委屈，自己平时为老公、孩子付出这么多心力，等到自己心情低落，需要家人关心和支持时，他们却只是留她一个人消化自己的情绪。

"虽然你的感受不太好，但其实你是家中的晴雨表呢！"另一位妈妈拍着王太太的肩膀说。王太太一愣，接着不好意思地点点头。在她察觉到自己的情绪对家人的影响之后，她发现自己在家中不但是很有地位的，而且情绪的威力很强大。

这种情绪散播的力量不难理解，像人们常说的"气场""能量场"都有类似的意味。如果一个人头上老是有一团乌云如影随形，那么周遭的人都会感受到天色阴暗；反之，如果一个人总是轻松自在、欢笑有趣，那么，和他相处便总能感受到阳光和温暖。

亲子关系是所有人际关系中最紧密的关系，这种情绪散播的影响力自然是更快更强。而且，如果第一次发脾气很有效，那么下一次，你很容易选择同样的方式处理问题。孩子一旦适应了这种“暴风雨”，下一次，你势必要发更大的威，用更大的招才能镇住孩子。因此，家长们不能忽视自己的情绪，因为你们的情绪犹如家中的气象台，甚至就像一个孩子在作文中所说的“台风眼”，对家庭的氛围影响很大。

每个人都有相应的智力、情绪和体力的周期。情绪起伏，有时不见得要有什么原因，我们都能回忆起曾经被情绪打败的经历。然而无论是否有理由，待在情绪的旋涡里于人于己都不是聪明的选择。你不妨试着从这种情绪中跳脱出来，然后再回头看看自己的情绪，这是心理上所谓的“距离化”，你是你，情绪是情绪。然后对情绪加以区别和辨识，我们对于情绪的生理反应总是快过我们的认知，当情绪的风暴来临，要尽量清楚地知道这种情绪到底是什么，比如，“我感到很沉闷”“我有点慌乱”“我开始生气了”，等等。如果觉得上述方法做起来有困难，你不妨离开情绪的发生现场，让自己独处一会儿，这时你的情绪就会因得到沉淀而清浊分明了。

3

让“沉默”冻结坏情绪

“妈妈，你看，我漂不漂亮？”5岁的小婕兴冲冲地跑到妈妈面前。哇，孩子的脸像调色盘一样五颜六色的。

妈妈心里马上明白是怎么一回事，拎着小婕到自己的梳妆台前面，看着乱糟糟的台面和孩子花里胡哨的脸，不由得怒气升起：“叫你不要乱动我的化妆品，说了多少次了，你老是不听。快去洗掉，立刻！马上！然后我再好好收拾你……”

许多家长在处理孩子的一些问题时，往往因按捺不住情绪而发火，但处罚过后又感到内疚。于是，情绪的钟摆在生气和内疚之间不停摆荡，就像这位妈妈说的：“孩子还小嘛，我对她太严厉了，应该好好地教她，我下次不会这样了。”很多父母都有类似的经验：“我知道我做得不对，我对孩子太严了！”“我实在不该那样打他，可是，爱之深，责之切呀！”我们当然相信这种内疚是发自肺腑的，但有时，这种做法其实是父母跟自己玩的游戏，以为公开表达内疚就可以弥补自己的错误，得到孩子的谅解，从而解决亲子之间的问题。遗憾的是，下次、再下次……父母可能依旧如此。

“我真不是一个好妈妈！”小婕妈妈给自己下了一个结论。我认为，这个自我批判太苛刻了。有人误以为，好父母是不能动怒的，事实上不然。所有的父母都会因这样或那样的原因发脾气，这是很正常的。所谓“坐而言，不如起而行”，与其在发火-内疚的怪圈里打转，不如做些改变，主动打破这一循环。如果你不知道从何做起，那么，你可以选择什么都不做。

对，你没看错，这时候你可以采用“沉默艺术”。一位妈妈分享过一个经历，她在网上看到一个置物架，156元，她问了卖家尺寸之后问了一句：“这个可不可以便宜点啊。”就去做饭了，等吃完饭，才想起来打开网页，发现卖家每隔几分钟就给她发条消息：

“亲，你眼光真好，这是店里的热销款呢！”

“这个宝贝我们是走量的，没多少利润的。”

“给您抹去零头，150。”

“刚给亲申请了一下，140好了。”

“亲真的喜欢可以去别的店里比价，这样的做工130还包邮，真的不能再低了呢！”

然后这位妈妈愉快地下了单。

沉默其实是力量的体现，回想一下孩子激怒你的那些事，可大可小，任凭他兴风作浪，你稳如泰山，这何尝不是一种力量呢？在盛怒难收的时候，离开现场吧，让自己和孩子都有一段情绪冷却的时间。在这段时间里，家长们不妨去做一些使自己情绪转移的事情，这样做既可以避免做出伤害孩子的言行，又可以让自己平静下来，思考教导孩子的方法。对孩子而言，家长的“暂时忽视”可以促进孩子的自我反思，帮助他们了解，除了暴跳如雷，沉默也是家长不能忍受自己不当行为的一种反应。别对自己要求太苛刻，奢望自己马上能“做对、做好”，这个了解的过程本身就能促进我们的情绪稳定。

在前面的案例中，小婕妈妈察觉到了自己的情绪，这是EQ的第一步。接下来就要练习在情绪暴发的边缘控制住自己，可以通过等待来降低情绪的生理唤醒水平（比如呼吸、血压、心跳），不被情绪卷走。懂得处理自己和孩子情绪的家长，才能在家庭教育中挥洒自如，玩转情商。

4

好言辞能打开孩子的情绪瓶塞

孩子回家说："老师最讨厌了，每次都留这么多的作业，害得我都没有时间玩了。"

第一位妈妈："怎么可以这样说老师呢，老师留作业还不都是为了帮你们复习学到的知识吗？"

第二位妈妈："一天到晚总想玩，玩心怎么那么大呢，都快考试了！"

第三位妈妈："听上去你有点烦躁，是功课太多了，你没办法玩了吗？"

如果是你，你会选择上面的哪种说法呢？一般情况下，第一位妈妈是教训和解释的角色，忽略了孩子的情绪感受；第二位妈妈是指责和警告的角色，容易引起孩子的抗拒或压抑；而最后一位妈妈的表达方式兼顾了倾听和反映情绪，尤其是不带批判的换位思考，这种方式会让孩子乐于和自己的妈妈分享自己的情绪和想法，因为这位妈妈没有急着教育孩子、纠正孩子的想法，没有试图去堵住孩子的情绪出口。

对于孩子一些不适当的言行，要避免急切、直接地反应。我们的大脑很会偷懒，它会根据记忆、经验等直接指挥我们做出反应，特别是那些会引起我们强烈情绪的事情。很多情况下这会节省我们的认知资源、甚至保护我们，但是有时也会给我们带来麻烦，让我们忽略掉我们此刻所看到的、听到的新线索，而只根据经验做判断，比如我们常说的“先入为主”。家长们不妨给自己一些停顿时间，在心里先问自己以下两个问题。

（1）孩子言行背后的情绪感受是什么？

（2）造成这种情绪感受的原因是什么？

即使你知道答案，仍要运用假设性的措辞来反应，而不是“我还不了解你吗”“我早就知道”的断然态度和言辞。

最简单有效的反应模式是：

“你觉得……（描述情绪），因为……（解释/猜测）”

“听起来似乎……由于……”

这类措辞前半部分可以表明你清楚地知道孩子的情绪，无论这种情绪是什么，都是可以被家长接纳的。孩子会觉得你懂他，他才愿意继续跟你说。后半部分可以表明你很努力地想知道孩子情绪背后的原因是什么，想走进他的内心。这和前面介绍的觉察自己情绪的方法原理基本一致。不要害怕猜错，如果猜得不对，孩子自然会修正，而且有了前面描述情绪的部分做铺垫，孩子的情绪已经被关照到了。

当孩子开始叙述时，你可以做一些不打断孩子表达的简短反应，比如不时地说“嗯”“是的”“我了解”等，偶尔点点头表示你的专注（点头不代表你同意他的想法，只是表示你听到了），鼓励孩子吐露心声，净化情绪。

家长们总关心孩子的功课完成情况，请放心，大多数孩子都知道自己应该做什么，在知道你理解他、疏解了内心的不满之后，他们是会去完成作业的，而且做得还不错。

5

从容行事，让你的情绪更稳定

走在登机走廊的队伍中，乘客们准备进入机舱，只听见一位妈妈催促着身边大约四五岁的儿子："你快点！飞机要飞了！"

我回头看到一张红彤彤的小脸蛋和一对疑惑的小眼珠。我猜想他一定很奇怪：人这么多，大家都排着队慢慢前进，妈妈为什么这么急？当时，我突然未加思索地低头看着他说："没关系，飞机会等你的。"

这位妈妈听了不高兴地低声说："怎么可以这样告诉孩子……"后面的话模糊没听清楚，反正就是怪我多管闲事。而我自己也觉得多嘴了，有点尴尬。

接着这位妈妈不知是觉得自己的埋怨有点失礼，还是反应过来自己的情绪有些急躁，安慰孩子说："嗯，飞机会等我们的。"

我本无意干预别人教导孩子的方式，但事后一直在想，我们现代人确实太着急了，只是孩子的成长是急不得的。如果这位妈妈这样对孩子说："来！我们来排队，走过这个桥就可以进入飞机的肚子里，发明这个走廊的人多聪明啊！有了这个走廊，我们就不用像上次那样走楼梯，坐摆渡车了……"我想孩子会饶有兴趣地学到更多。

我们经常在一些公共场合，看到家长们没耐性地催促孩子，焦急地把孩子赶来赶去，如果孩子的动作稍慢，责骂之声便顿然响起，内容不外乎训斥、警告、威胁。似乎是长大太久了，身为父母的我们早已习惯于按部就班地行事，大脑和心思都是按照成人世界的节奏运行，忽略了孩子的心灵和行为步调是与我们不同的。他们的时间是悠然自在的，他们的思想是天马行空的。我们急着让他们快点长大，快点学会更多知识，掌握更多技能，却还是要以他们的成长速率为准。不少家长从早上就开始赶时间，从催孩子起床上学，一直到晚上赶孩子上床睡觉为止，在这种急促慌忙的时候是很难让孩子们明白事理和接受教导的。当然，孩子也需要学习把握时间的重要性，学习生活作息的现实性，但这些绝不是在父母急躁的情绪中学到的，教育子女还需要从容行事。

孩子真正需要我们的时间并不多，许多父母都感叹孩子一旦上了小学高年级、初中，就和父母没那么亲了，除了问孩子想吃什么想买什么，功课怎么样之外，似乎也不知道和孩子说什么，在孩子心目中，同学比爸妈更有影响力。再加上有些孩子到了高中可能会住校，和家人在一起的时间就更少了，大学就更不用说，算一算真正和孩子共处的时间过一天少一天。所以，不要让时间追赶、压迫你，成长是个过程，对你和孩子而言都一样。先察觉到自己的不适当情绪，然后容许自己的生活步调有弹性、能变通，情绪稳定的父母更容易拥有高情商的孩子，它不是全部的答案，但至少是个开始。如果做到这一点，恭喜你成功通过高情商家长的第一关！

6

与孩子出游别忘记与孩子同乐

每到节假日，朋友圈里总能看到家长朋友在各处遛娃，带孩子出门并不是件轻松的事，难得的休息日愿意陪孩子玩，显然当今的父母确实更看重对孩子的陪伴，让孩子接触不同的事物，给孩子更丰富的感知刺激。

刚刚过去的那个周末，一个朋友说，因为之前答应了孩子，即便天气很热，还是带孩子去了游乐园，很晒很累，孩子还不听话，一天下来，感觉自己被掏空了。而我恰好看到了孩子更新自己当天的状态：说是带我出去玩儿，我真的就是被带过来带过去的，还不如在家打游戏呢！

不晓得这个孩子有没有屏蔽家长，折腾一天，孩子觉得无聊不开心，家长觉得很累很委屈，问题出在哪里呢？

现在有许多父母很注重生活品质，也重视休闲的内容。每到假日，常看见很多父母带着孩子去购物中心、餐厅、游乐园……这的确能增添不少家庭乐趣，增进亲子关系。不过这幅亲子和乐的场景中，我们总能发现一些小插曲，就是有的父母不断地喝止孩子的行为，比如“别乱跑”“不许碰那些东西”。没多久，亲子间就会玩起追逐战，最后往往以父母发火责打孩子、孩子哭闹而收场。

不少父母心存疑惑，他们的问题多是：“为什么每一次都是乘兴而去，败兴而归？”说得也是，本来一家人欢欢喜喜地出门去玩，为何却带着一肚子气，甚至一路上骂回来？

其实，对孩子来说，在一个充满新鲜刺激的环境里限制他们充沛的活力，或要求他们安安静静的是一种折磨，他们无法像大人一样边吃边聊地坐几个小时，他们顶多能吃上十几二十分钟；他们也不能忍受大人看一件货品或买件衣服挑个没完没了。

除此之外，还有一个重要的原因是父母把自己绷得太紧了，放松不下来，即使假日出游也没有真正地松弛身心。容我举个例子，有位父亲为了次日的旅游，前一晚不断地提醒家人提早上床睡觉。他的计划是这样的：一家人第二天早上六点起床，赶快梳洗、吃早餐，七点准时出门，八点半到达动物园，参观两小时后赶到下一站，或者到某家饭店进餐，饭后，又要赶到某个地点……最后要在堵车前或天黑前回到家。虽说出行要有计划，但像这样安排得紧紧的，一路赶鸭子似的行程，我想即使去再美的风景胜地，也不会感到轻松愉快的。加上这位父亲一路催赶着孩子，限制孩子的行动（如不要乱跑、不准玩水等），不仅搞得自己神经兮兮的，也弄得大家兴致全无。

因此，带孩子出门要发挥情商，首先是从态度上接纳孩子的好奇行为，其次是使用一些策略，比如你并不打算为孩子买东西，你就得选择避开儿童玩具区域的路线；如果你想让孩子挑东西，请事先告知孩子可以买的数量和预算；如果买的是大人或家用的东西，不要只是让孩子在一旁等待，让孩子参与选购的过程，让孩子发表他的看法，趁机教导孩子学习消费行为和金钱管理。

如果是带孩子上餐厅吃饭，先点孩子喜欢吃的东西，因为他们容易饿也能很快吃饱，同时准备他们闲下来可以打发时间的玩具、漫画书；如果是车程较长的旅行，不要期望孩子乖乖地在车上睡觉，除了玩具和漫画书之外，不开车的家长最好能安排一些唱歌、讲故事、玩游戏的活动，与孩子同乐。孩子是活在当下的，过程体验对他们而言甚至比结果更重要。

有一次临近中午时刻，朋友在风景区碰到了大堵车，于是他把车子往路旁休息区一停，全家人面对着蔚蓝的大海来了一次野餐，即使没有按计划到达目的地，仍然达到了愉悦身心的出行目的。

曾听过一位长者说："一个抓自己很紧的人，也会抓别人很紧。"在假日，这个和家人在一起的难得时光，别把自己绷得那么紧，准备好悠然的心情，遇到问题记得发挥亲子情商，这样的亲子之游怎会是乘兴而去，败兴而归呢？

Chapter

3

用同理心帮孩子找到正面情绪的动力

我们自己曾经也是孩子，我们希望每个孩子都能被这个世界温柔相待。了解孩子的情绪需要你有一颗同理心，能站在孩子的角度来看问题，感知他们的真实感受。那么，何谓同理心呢？按照人本主义大师卡尔·罗杰斯的观点，同理心是指体验别人内心世界的能力，在人际交往中，能够体会他人的情绪和想法，站在他人的角度思考和处理问题。同时，也能让对方感到被接纳、被理解。换言之，你可以把同理心理解为换位思考，在人际互动的过程中，站在对方的立场上，体会他的情绪和想法，做出适当的回应。

父母的同理心是与亲子沟通的基础，是建立良好亲子关系的基石，运用同理心可以帮助孩子发展出健康的情绪管理能力，同时孩子也会通过观察学到如何从不同视角思考问题，提升认知水平。在下面这篇文章中，就让我们来了解一下，父母如何使用同理心来帮助孩子疏导情绪，提高孩子的情商。

1

解决问题之前记得关照情绪

“我女儿整天无精打采的，昨天她跟我说功课压力很大，感觉生活没什么希望了。”

“我儿子在家都不怎么说话，躲在自己的房间里，也不知道他到底在干什么……”

“女儿长大了，特别爱美，总说自己长得不够漂亮，不像同学×××，大家都喜欢她。”

“我家孩子每天去学校都很抵触，他说在班上没什么朋友。”

如果你的孩子遇到上面这些困扰，你打算怎么应对呢？

情绪就像心灵的触角，即使我们看不到别人的内心世界，却仍然能够通过感知对方的情绪状态，“读取到”这个人是不是经历了什么事。情绪是心理最直接的反应。孩子出现情绪问题，原因多是生活中的一些人、事、物使他们有了挫折，而父母的困扰一方面是出于关心所引发的担忧，另一方面则是急于帮孩子解决问题的焦虑。

面对孩子的抱怨，家长们最常见的处理方法是安慰、劝导、解释……结果往往徒劳无功，有的家长会因此生气，觉得自己能做的都做了，孩子却不领情。为什么这些方法不管用呢？最主要的原因是没有与孩子感同身受，只要加上这一步，接下来的讨论或是指导就会更加顺畅了。

生活在大人的世界里，孩子是孤独的，这个世界的规则是大人设定的，遇到困难或挫折，他们最需要的是有人能理解他们，有人能倾听他们，有人能给予情感的接纳和支持，而不是太快、太早地提供意见和指导，也不是一味地安抚、宽慰。后者的做法犹如封住摇晃过的可乐瓶，气体无处释放，只能不断挤压瓶身，把瓶子胀得鼓鼓的。对于孩子来说，他们的心灵处于不被了解、不被关心的压抑状态，就难以做出建设性的行为来应对问题。和处于这种状态下的孩子沟通，要让孩子感觉你和他是在同一条船上的，可以经受住情绪的风浪，不是居高临下地在一旁指挥。

所以，试试引导孩子表达出来吧！即使是哭出来，也能在很大程度上有助于问题的解决，别让孩子把伤痕埋在心底，成为不定时发作的隐痛。对大一点的孩子可以引导他对自己的困境进行描述，叙述的过程可以帮助孩子更好地理顺事情的经过，对问题有一个更整体、更全面的认知；对于小一点的孩子，也可以通过绘本、画画、角色扮演等方式，帮助他理解问题，启发孩子思考。

很多家长发现，当孩子向自己倾诉之后，他们不仅在情绪上雨过天晴，在认知上重新梳理问题的前因后果，而且在行动上也找到了解决的办法。

2

同理倾听，让孩子释放心中的情绪

每当有家长向我提出有关孩子各式各样的行为问题时，我都会发现在他们的问题中除了过度的忧虑外，最重要的症结是欠缺同理心或不懂得运用同理心。这个在亲子关系、婚姻关系，甚至在其他人际关系中最基本、最有效的原则，似乎仍是许多人困扰的瓶颈。

有家长说：“我上中学的女儿常对我说，她的压力很大，对一些科目感到头疼，甚至有想死的念头……”

“我10岁的儿子对爷爷奶奶说话很不礼貌，怎么教他、警告他都没有用！”

“我7岁的女儿常埋怨爸爸宠弟弟，不喜欢她，她很想离家出走。”

“我11岁的孩子最近告诉我，他在班上遭到一些同学的排斥，觉得自己没有什么朋友。”

类似的问题不胜枚举。归结大多数孩子的问题，其原因简而言之是孩子心中有压力、抱怨、不满、挫折、不快乐等想法和感觉。

在这种情况下，父母究竟该怎么做，才能做到同理倾听孩子呢？下面几个同理倾听的技巧，供父母参考。

（1）全神贯注不分心。父母在倾听孩子的想法时，要把注意力集中在孩子的脸、嘴和眼睛上，专心听孩子诉说，不要看手机或因其他事情分心。父母的专心能激发孩子诉说的愿望，从而让孩子尽吐心中不快。

（2）适当适时地提问。对于孩子表述得不清楚的地方，父母可以提出相应的问题，以帮助孩子更详尽地表述自己的问题，同时也让自己可以更全面地了解孩子的感受。提问的时候要注意不要用质问的语气，也不要提一连串的问题。

（3）控制自己的情绪。父母在听孩子诉说的过程中，对于孩子所说的不是很认同的时候，要控制自己的情绪，等孩子说完再说明自己的观点。冲动地打断孩子，会损伤孩子倾诉的积极性，你不让孩子说他的想法，他自然也不会听你的想法。

（4）重复孩子的话。父母在倾听的时候，可以适时重复孩子的话，这些话包括孩子特有的语言或者关键词。这样做一方面可以表明你确实在听他说话，另一方面也可以确定他表达的真正意思，不至于出现沟通上的误解。

（5）判断孩子的需要。父母在倾听时，可以根据孩子的语气、肢体动作等来判断孩子的需要，以便后面与孩子讨论出可行的解决方法。

父母要善用以上技巧，与孩子同在，用自己的耳朵、眼睛和心来同理倾听孩子。当孩子倾吐完心声后，他的内心如同一个倒空的杯子，这时再与他讨论解决问题的方法就容易多了。

3

让同理心填平亲子间的“代沟”

一位高中女生写给她爸妈的一句话是：“不要认为你们的思想就是我们的思想。”好一个你们的思想和我们的思想！翻译成曾经流行的一句话就是：你以为你以为的就是你以为的啊！有一位妈妈曾问我：“你相信亲子之间有代沟的存在吗？”因为她很伤心儿子不跟她说话，因为儿子说他们之间有代沟。难道思想不同，就代表亲子之间有代沟吗？

事实上，我并不认同“代沟”这个名词。一方面，因为它很容易被人拿来作为想法不同的代名词，这只能加剧沟通不畅；另一方面，即使相同年龄的人之间也会有不同的思想，这难道也是一种代沟吗？人与人之间本来就有许多想法上的不同，而以年龄差距或时代差距来形容彼此的沟通不良，似乎也有点过于偏颇。当然，由于时代的变迁，父母这一辈的成长经验、认知想法自然会有别于下一代孩子，但这也是一种较笼统或共同性的特征，而其间的个别差异却影响很大。举例而言，有些父母与孩子沟通良好，而且想法上有不少是相同的，那他们之间的代沟呢？所以，我们不能用“代沟”作为借口，堵塞了沟通的渠道。

诚如另一位高中女生所言：“不要用以前的你们，来评论现在的我们。”我想她的心声应该是：“请用时代的眼光来看大环境中的我们。”

上一辈的人看不惯后辈的某些行为方式是很正常的事，我们不妨回忆一下自己的青少年时期，是不是也有很多行为不被父母理解？我们和孩子虽然生活在同一个时代，却未必真正懂他们。这不表示你落伍了，因为只有当你拒绝吸收新知识、接触新事物时，你才真的落伍了。有时我们坚持我们的态度，是因为我们有经验、我们熟悉，熟悉总是会带来安全感。但也别忘了，有时孩子经历中的世界，和我们经历过的世界是不一样的，毕竟我们长大了这么久。

中国的家庭多以亲子关系为主轴，绝大多数父母都希望竭尽所能，给孩子最好的爱。与其说代沟，不如说是“待沟”，不是亲子之间隔着多么深的鸿沟，而只是有些话尚未言明。那么，何不试着进入孩子的内心世界，揣摩他们的想法、感受、处境，去看他们周遭的事物，然后“人同此心，心同此理”，或者“感同身受”地去与孩子沟通呢？一言以蔽之，父母多多发挥同理心的作用吧！

4

用同理心帮孩子走出情绪低谷

陈爸爸全家泄气地从球场回家，因为尽管比赛前儿子很勤奋地训练，现场的亲朋好友拼命加油助威，儿子小哲的球队还是输了球。在回家的路上，小哲一言不发，陈妈妈虽然竭力安慰儿子，比如“你表现很好，就是队友配合得不太好”“下次还有机会呀”“这不过是场热身赛嘛，等会儿去吃你最喜欢的炸鸡啊”等，但都没什么效果。

其实，陈爸爸和陈妈妈自己也很沮丧。在这种情况下，小哲不仅看到了自己的挫折，也觉察到了大人的失望。曾有研究指出，儿童、青少年对负面情绪的体验和调控失败，都是导致其偏差行为的原因，选择错误情绪调节方式的孩子一部分会指向外在，表现得很对抗、易怒、具有攻击性；另一部分孩子会指向内在，表现出焦虑、抑郁及躯体不适等。

大人的挫折容忍力要比孩子高，身为父母，若自己不能调整情绪，便很难用开放的心态来安慰孩子。因此，父母不妨在接纳自己和孩子的情绪之后，帮助孩子从正面的角度来看待挫折和失败，认识孩子成长中必然会碰到不顺心或不如意的事情，他们得学习如何在情绪里自处，如何从低潮中走出来。这是培养孩子运用情商能力的重要一课，也是他们将来适应生活的基础。

具体而言，父母在面对孩子的挫折失败时，首先要以同理心去了解他的想法和感受，比如，“这么拼，却输了球……你看起来有点不服气对吗？”“是不是觉得自己表现得不够好？很难过（失败、丢脸）？”等，引导孩子将情绪表达出来，不论孩子是难过、愤怒或不满。其次，表达自己对孩子有这种情绪的理解，等孩子倾吐完心声后，多跟孩子说一些鼓励的话，比如，“我看到你开场几分钟传的那个球，很有职业选手的架势”“我很欣赏你和队友在落后的情况下，那种不放弃的拼劲儿”等，强调孩子表现好的一面以及个别能力，有理有据。否则，泛泛的鼓励不会对孩子产生任何效果，甚至会听到孩子讽刺的话语，反倒弄得自己心里很不是滋味。

在陪伴处于情绪低谷的孩子时，千万不能急，人在情绪里的时候，最不想听到的就是“我早跟你说过……”，言外之意是谁叫你不听我的，现在这个结果只能怪你自己；或者是“这也没什么大不了的”，言外之意是你太夸张了，在小题大做；“这件事也没什么嘛，别放在心上”，否定了事情的价值，也否定了你在这件事情上的努力；“你现在最应该……”，这固然是出于好意的建议，但是给得太早了，不但没用，听起来还有点冰冷。

善用同理心，在孩子情绪的谷底陪他待一会儿，即使什么都不说，让孩子知道无论多大的挫折，你都和他站在一起，愿意陪着他，这本身就是最强大的鼓励。

5

给孩子讲道理需审时度势

我不过是抱怨了几句学校，劈头盖脸的一大堆道理，什么笑对挫折啊，接受现实迎难而上啊……我不知道怎么让他们相信，那些道理我都懂。我告诉自己要忍住，因为如果我现在说话，一定就吵起来了，我只能默默地听着。但是！我不说话，没反应，他们还是生气……那感觉简直如坐针毡！

一个十几岁的孩子这样说。

在和家长交流的过程中，我常常发现，其实对于孩子犯错或行为不当，家长们大多表示“小孩子犯错很正常”，可以理解，也可以包容。最让家长受不了的就是孩子“讲不听”，总要一而再，再而三地提醒、督促，说得自己都烦。给孩子讲道理，可以说是家长们最常使用的技能了，从人生大道理讲到生活小细节，无师自通，没有什么是讲不来的。每当有家长和我提起自己的管教方式，其中十之八九都是用说服、提醒、告诫之类的方法，少有人用平等沟通的心态和方法。的确，孩子在成长过程中需要父母的指导，但如果只是一厢情愿地希望孩子从耳朵里学习如何安身立命、为人处世，最后效果往往不明显，有的孩子甚至会反其道而行之，令父母又气又急。

家长并非不能讲道理，但要运用恰当，包括讲道理的时机、地点等，都要留心选择。如果父母始终抱着我比你懂得多、比你有智慧的高姿态，也许对上幼儿园之前的孩子还行得通，再大一点的孩子往往不愿接受，甚至抗拒大人们所说的道理。因为如果你一直在讲你认为重要的事情，处于自我意识发展时期的孩子会感觉自己没有受到尊重，就更不可能虚心接受你的建议了。

网上流传着一段妈妈关于孩子玩游戏和学习成绩的对话。妈妈指责孩子总是打游戏，并打算给孩子讲讲道理。

（1）“你看看你，一放假就一天到晚地打游戏，你看看人家小明，他玩吗？”“玩啊！”“那他成绩怎么样？”“不好啊。”“你看，他就是因为玩游戏成绩才不好的，你这样玩下去，成绩也危险。”

（2）“你看看你，一放假就一天到晚地打游戏，你看看人家小明，他玩吗？”“不玩啊！”“那他成绩怎么样？”“不好啊。”“人家成绩差的都知道不能玩游戏，你呢？觉得自己成绩太好了？”

（3）“你看看你，一放假就一天到晚地打游戏，你看看人家小明，他玩吗？”“玩啊！”“那他成绩怎么样？”“挺好啊。”“人家玩游戏成绩还那么好，你考这么点儿分，你好意思玩？”

（4）“你看看你，一放假就一天到晚地打游戏，你看看人家小明，他玩吗？”“不玩啊！”“那他成绩怎么样？”“好啊。”“人家成绩好都不玩游戏，你呢？”

不管孩子说什么，妈妈只坚持“反正你就是不能玩游戏”这样的立场，孩子也就懒得再和家长说什么了。

家长们对待孩子宜多用“动之以情”，少用“训之以理”。这也许是针对父母原本说得太多而提出的一个建议，但并不意味着父母不能通过说理教孩子明辨是非。面对孩子的问题，父母不妨先去倾听孩子内心的想法和感受（此时，即使孩子说得不对也无须加以批判），当孩子分享、倾诉完他的感受、想法之后，再提出自己的想法，这时道理自然会进入孩子的耳朵、心底。这就像一个盛满水的杯子，你是很难再注入新水的，你只有把里面的水先倒出来一些才行。对孩子讲道理也是如此，家长能够尊重地听孩子说，这对孩子而言也是一种“听的示范”。

总结起来，对于孩子的理性问题，比如孩子提出的关于知识方面的“为什么”问题，寻求处理事情的方法建议等，父母当然可以跟他讲道理，之后鼓励孩子去实践；对于孩子有情绪卷入、心里感到困扰的问题，父母暂且按住性子，先去同理倾听孩子。那么，到底怎么才算同理到位了呢？有句话很贴切：“进入孩子的心中，用他的眼睛去看他的世界。”如果你愿意试试看，用不了多长时间，你就会发觉和孩子的心距离更近了。有这样的家长，你的孩子还真是幸运。

6

做孩子的心灵捕手，帮助孩子走出挫折

儿童与青少年的自伤、自杀问题，正成为全球性的社会问题。很多调查研究都发现，自杀现象越来越呈现低龄化趋势。通常，我们认为那些自杀的孩子要么成绩不好，要么性格不好，要么人缘不好……可是新闻里那些选择结束自己生命的孩子不乏高分天才、外向开朗的孩子。

从媒体的报道来看，儿童青少年自杀的原因来自以下几个方面：课业压力、人际关系不良、家庭支持系统薄弱、挫折容忍力低，而因媒体报道、在社交媒体被广泛讨论而产生的“传染效应”也可能是原因之一。许多家长不禁忧心忡忡，担心自己的孩子也会如此。就像一位妈妈提心吊胆地告诉我，她这一阵子特别注意她的两个女儿，尤其是她们一有点挫折、不顺心，嚷嚷着说“干脆死掉算了”的时候。

其实，对于孩子遭遇挫折的情况，我们不必过分忧虑，毕竟人生无法避免一些不如意，孩子总要去面对。但是，身为父母也不能掉以轻心，未雨绸缪的防范与事后的懊恼相比较，没有人愿意选择后者。导致孩子自杀的原因往往是综合性的，许多人在成长的过程中都有过自杀的念头，而在某一时刻下定决心结束自己的生命，是源于人生意义的匮乏，以及孤立无援的绝望。没有人会在遇到问题的时候首先想到死，他

们会尝试做一些努力让自己好过一点，自杀往往是最后的选择。在有了自杀想法和付诸行动之间，孩子通常也会释放出一些求救的信号，或者无意间留下一些线索，这就给家长提供了帮助孩子的机会。

如果你发现孩子出现下面这些迹象时，就必须予以重视。

（1）孩子曾经有过自我伤害行为或自杀未遂。

（2）近期发生亲人去世等重大事件，有严重躯体或心理创伤。

（3）经常表示对人生的悲观态度。

（4）觉得自己很没用、是别人的拖累。

（5）长期抑郁突然情绪好转。

（6）有特别的行为或情绪特征改变。

（7）有完整的自杀计划。

（8）将自己的心爱之物转送他人。

（9）查询有关自杀的资料，经常徘徊于水边、高楼、大桥等处。

现在的孩子一方面越来越追求存在感，但另一方面，他们对于生命的真正意义并不清晰，在面对学习压力、生活压力或外部批评时，感觉不到自我价值，就会试图通过自杀这种极端的方式来进行对抗或实现解脱。

对于孩子而言，父母是最重要的人，他最需要的就是情感的支持和接纳。但随着孩子年龄渐长，我们习惯用眼睛来看他，用耳朵来听他，用事实来衡量他，却忘了用心去体会他。比如，当孩子遭遇挫折时，父母若以成人的观点表示“这都不算事儿”“没有什么大不了的”，甚至批评孩子“输不起”“真没用”，孩子再遇到挫折当然不会跟你说，如果自己解决不了，他会逃避；如果逃不开，他会把情绪压抑在心底，成为一个心结。

因此，以尊重、接纳的同理心去倾听孩子的心声，引导并澄清孩子的困扰是最好的良药。对于创造力强、有智慧的孩子更是如此，因为他们在寻求自我人生观、价值观之时，常会面临着自由意志（人存在的意义）的抉择与外在环境限制之间的心理冲突和挣扎，若不是父母与他们之间常有一些开放民主的沟通和讨论，他们很可能因为走不出迷津而做出他们自以为自由意志的选择，即自我伤害，甚至自杀。

总归一句话，这句话也是我常呼吁父母的话：“要拥有一个身心健康的孩子，就要给孩子以支持和接纳，当今社会的压力已经不少了，作为孩子最亲的人，你就不要再给他加码了。”

附：

如何协助子女缓解生活中的压力？

孩子在求学过程中，经常需要面对不同的压力，比如父母的期待、学校的考试、同学间的比较和竞争，甚至有校园暴力事件等。家长该如何协助他呢？首先应先察觉孩子在生活中是否有过大压力，以下的表现有可能就是一种信号：

□ 对学校课业或活动突然很讨厌。

□ 态度或性情改变（易怒，缺乏热情，心不在焉）。

□ 做事无法专心，一件事情没做好就又跳到另一件事。

□ 难以入眠、抱怨很累。

□ 拒绝或借故逃避上学或考试。

□ 行为有很大的改变，如没胃口、饮食过量、咬指甲等。

减少孩子的压力，我们可以这么做：

① 通过与家人的讨论或经验分享，协助孩子了解压力产生的真正原因。

② 找到适合孩子的压力缓解方式，如听音乐、做手工、看书、打球等。

③ 对于孩子的期望要合乎他的能力，不要有过高的标准。

④ 鼓励孩子多交朋友，通过与朋友的互动交流，将情绪释放。

⑤ 应以民主方式管教孩子，并在生活中给予孩子表达的机会，使孩子有情绪时，能有宣泄的途径。

⑥ 每个孩子都不同，家长不应在子女或同学间比较。

⑦ 可安排全家休闲活动，以减轻压力，并培养亲子关系。

当然，家长也应明白，压力并不是一定不好，适度的压力更能发挥个人的潜力。

7

同理心不好用了？

一位父亲说，他一向以同理心与孩子沟通，而且也教导孩子以同理心待人。可是，孩子在学校用同理心与同学相处，却常常受委屈，比如，零食被抢、好心借给别人的文具被弄坏、玩游戏时被插队等。因此，他开始怀疑同理心的功能，不知道是该迁就现实告诉孩子少用，还是该坚持信念鼓励孩子以同理心待人。

我们常常对同理心有一种误解，同理心和同情心不一样，也不是为他人着想。虽然大多数情况下，同理心所传递出来的是对人性的善意，但其实，因同理心而产生的洞察力才是最重要的部分。

家长们不妨回忆一下，孩子最开始认识世界、发现自我的时候，是完全不会顾及他人的，他们只做自己想做的事，“我”就是全世界。他们会因为兴奋又蹦又跳，尖叫大笑，不会考虑有没有影响到身边的人。随着年龄渐长，他们开始将自我、环境、他人分离开来，知道了“己所不欲勿施于人”，也懂得了“甲之蜜糖乙之砒霜”。

回到上文提到的那位父亲，我相信同为家长，正在阅读的你也一定有明明是为孩子好，却不被孩子理解的经验。所以，如果真的了解同理心的话，你就会明白单方面希望他人也有同样的回应，似乎不够符合同理心的真谛。显然，谁也不愿看见一个以同理心待人的孩子遭到不合理的对待，更不希望孩子因此而产生矛盾心态或不再以同理心待人。

面对这种困境，家长的第一反应通常是要维护自家孩子的利益，会不自觉地将重点放在别人的错误上，找其他家长理论、帮孩子维护正义，或是告诫孩子“你是有同理心的好孩子，他们不是，以后少和他们一起玩”。这样的做法忽略了孩子的困惑与情绪，也缺少教育意义。

如果你是擅用同理心的家长，可以试试以下步骤。

（1）体会孩子当下的挫折与不公平的感受。“明明是好心，却被别人误解，你很难过是吗？”“你很守规矩，别人却过来挤在你前面，害你没玩成，你很生气是不是？”引导孩子觉察自身的情绪，了解情绪发生的原因。

（2）和孩子一起思考为什么其他人会那样做。“有没有可能是……他们不知道你真正的意思？”“他是不太习惯接受别人的帮助吗？”“他们太想玩了，所以忽略了规则，也忽视了排在前面的你？”同理心可以让人不仅注意到自己的事，还可以注意到周围发生了什么。这一步骤的目的不是要为别人开脱，而是引导孩子了解，即使在相同的情形下，其他人跟自己也可能会出现不同的反应、做出不同的选择。

（3）与孩子一起探讨解决方法。“如果下次遇到类似的事，你会怎么做呢？”等到孩子表达完情绪、平静下来之后，家长就可以和孩子一起探讨解决方法，先问问孩子自己的想法，如果孩子一时想不到，也可以适当提供自己的方法，以试验的心态鼓励孩子试试看。

有同理心的孩子通常很有教养，不容易做出冒犯别人甚至伤害别人的事。而且同理心带来的洞察力可以帮助我们感知危险。越是能够以同理心待人，我们就越能视情境来选择适合的行为方式。这其中又涉及了其他的一些能力，比如观察、判断、随机应变的能力等。

别着急，任何能力的培养都需要慢慢来。再厉害的父母也无法保证孩子不会遭遇挫折和失败，让孩子从挫折中学习也是孩子的必修课。而当孩子在运用同理心遭受挫折时，父母在进行挫折教育的同时，也别忘记使用同理心啊！

Chapter

4

和孩子谈“情”说“爱”的艺术

孩子在看漫画，妈妈走过来："你在看书啊，漫画书？"

孩子："嗯，《海贼王》。"孩子看得津津有味。

妈妈："是讲海盗的？"

孩子："是讲去伟大的航道追逐财富梦想。"

妈妈："哦……看书是好事，但不能总看漫画，也看看你们老师留的课外阅读那些书啊。"

在亲子互动中，类似的亲子"尬聊"并不少见，亲子间的沟通方式不当，不仅会阻碍亲子沟通，导致亲子交流不畅，还会破坏亲子间的情绪，影响亲子关系。在下面这篇文章中，我将介绍改善不当行为、提升亲子关系、愉快出行等几种亲子沟通术，提高你的亲子沟通艺术，让你可以畅快自如地和孩子谈"情"说"爱"。

1
“指挥式交谈”有碍亲子沟通

工作日的上午，博物馆里的人不是很多，人们三三两两欣赏展品，偶尔轻声低语。“啊！”一声清脆的童音打破了宁静，人们纷纷侧目，有几个人还吓得一哆嗦。回过头，只见一个很小的男孩跑进了瓷器展厅，“你别乱喊，安静点！”他妈妈跟在后面压低了声音说。小男孩跑到陈列着展品的玻璃柜子前，两手扑在上面，左看看右看看，对着玻璃又“啊”了一声。“不要用手摸柜子，看就好了。”男孩的爸爸发话了。“啊……”这次，小男孩拉长声回应道，然后扑到另一个柜子上。“在博物馆里要安静点，你看哪有人像你一样大声说话？！”男孩的妈妈提高声音说。十几分钟过去了，这个小男孩一直跑来跑去，时不时地喊一声，每次他的爸爸或妈妈都会跟上一句“不要这样，不要那样”的祈使句。不过，这样的话对孩子没有任何影响，倒像是说给周围的人听的。

生活中，我们常能听到父母说类似的话：

看看你，一天到晚在外面乱晃，为什么不能早点回家呢？

房间总是这么乱，就没见你整理过！

喂，别又忘了喂小狗！

学校作业做完了吗？非要一遍又一遍地提醒你啊！

吃完饭，碗筷要自己收，为什么总是要我们来给你做呢？

接下来，父母得到的回答多半是：“好啦，我会做！”“知道啦，真啰嗦！”“哦，等一会儿”……相信类似的场景对话你并不陌生。

这种围绕生活琐事而一问一答的交谈方式，我们称之为“指挥式交谈”。父母常常利用与子女沟通的机会，企图灌输孩子正确的观念，培养孩子良好的习惯。结果却事与愿违，父母采取的这种方法常常导致亲子沟通的障碍，令子女觉得反感，甚至厌恶。父母在不知不觉中流露出传统的角色，传递着令子女沮丧、受挫的信息，那就是：“孩子，你错了，你得听我的！”很明显，类似这样的沟通并不能为父母和孩子建立起开放式、鼓励性的正面沟通，反而扼杀孩子表达的勇气，剥夺孩子做决定及学习负责任的机会。

当孩子的表现或行为对父母造成困扰时，父母最常掉进以下四个亲子沟通的大坑。

（1）命令、指挥。

例如：

“你去找别的东西玩。”

“把地上收拾干净！”

“不准大声尖叫！”

（2）警告、恐吓、威胁。

例如：

“如果你再来捣蛋，我就打你屁股！”

“玩具再不收回玩具箱，我就全部丢进垃圾桶。”

“你如果成绩还这么差，别想玩游戏！”

（3）忠告、训诫。

例如：

“妹妹小，不懂事，别和她吵架。”

“别来烦我，我快被你们吵死了！”

“用别人东西之前，你要先征得别人的同意。”

（4）提供建议、解决办法。

例如：

“你为什么不去看绘本呢？”

“我觉得你应该去画画。”

“好孩子是不是应该诚实啊？”

这些谈话的方式有时可能有效，但也可能产生一些负面后果，比如，使孩子觉得自己无能，自尊受到威胁，不被父母所理解，从而抗拒父母，或者产生罪恶感。

为什么会这样呢？因为这种谈话方式在有意无意间，告诉孩子你已替他想好了解决的办法。你指挥他、控制他、恐吓他，要他完全听你的。此时孩子完全说不上话，没有一点对自己事情的参与感。这样，孩子自然会防卫、抗拒，甚至对父母充满敌意。父母浑然不觉自己这样做，是在剥夺孩子设身处地为父母着想的机会，久而久之，孩子根本无法学习如何去体谅别人，如何负起责任。

当然，父母与孩子生活，免不了会叮咛孩子这些琐碎的事情。但如果父母与孩子之间，能建立良好正面的亲子关系，借由对这些事情的询问，可以让父母与孩子较为深入地沟通，亲子间可以彼此分享感受、交换意见，从而发展出互相尊重、互相体谅的关系，这一点是“指挥式交谈”无法促成的。

2 改善不当行为的亲子沟通术——转移孩子的注意力

某日乘飞机出差，旅途中碰巧注意到两种亲子互动的情形。

在候机大厅，一位妈妈正在补妆，侧脸瞄见四五岁的儿子在座椅间钻过来爬过去，立刻眼睛一瞪，正色道："凯凯，你皮痒啊！能不能好好坐着？要我说你几次才行啊！"孩子立刻停住，悻悻地坐回到妈妈身边，时不时地偷瞄妈妈一眼。没过几分钟，趁妈妈不注意，他迅速溜到地上爬到椅子下面。不出意料地，又传来一阵"皮痒"的呵斥……

有的家长习惯或喜欢用某些话语来警告孩子，像是数"1、2、3"，或者"皮痒"之类的，有些家长在警告无效之后接着责打，有些则是"雷声大、雨点小"。

无论前者还是后者，都不是有效的教导行为。家长们首先要试着了解孩子反复做出这种行为的原因，像凯凯的行为可能是由于候机时无事可做，太无聊了，所以只好自己找点新鲜事做。而且妈妈在忙自己的事，没空理他，只有他在地上爬的时候，妈妈才会注意到他。而妈妈的"禁止"和自己的"偷爬"，这样的互动对孩子来说似乎也别有一番乐趣。因此，面对这种情况，父母想要让孩子停止某些行为，可以转移孩子的注意力，别被孩子牵着走。比如上面提到的候机情境，家长其实可以带着孩子站在落地窗前，指着停机坪的飞机或机场的设施，跟孩子做一些介绍；如果抽不开身，可以给孩子设置观察任务，或者提出一些机场情境下的问题和孩子讨论；也可以事先为孩子准备一些故事书或玩具，让孩子有事可做。

后来在飞行途中，右前座有个幼儿在哭闹，起先孩子的妈妈弄不清孩子哭的原因，只听见她不断地低声说："嘘，不要哭！""好了，好了，好丢脸哦！"结果孩子的哭声并未停止，还不断地扭动身体。直到听清楚孩子说："怕怕！怕怕！"这位妈妈才知道孩子是因为飞机前几分钟碰到气流，上下颠簸，才被吓哭的。

遇到孩子在公共场合中哭闹，不少家长总会觉得不好意思或丢脸。其实大可不必如此，因为大多数为人父母者都有相似的经验，都能了解这种处境的尴尬与无奈，不但不会嘲笑，往往还很同情你呢！

该怎么安抚孩子呢？幸而，这位妈妈换了另一种说话的口气："哦，你是害怕啊，别怕，别怕，妈妈在呢！飞机现在遇到了气流，就像骑在一个充气小马上……你记不记得我们第一次去游乐园坐旋转木马，当时木马一上一下的还转圈，你也有点害怕，不过现在你都可以很开心地玩好几次呢……"在这种具有同理心的了解加上转移注意力的沟通之下，孩子的哭声停了。这才是有智慧的教育，不是吗？

3

增进亲子关系的亲子沟通术——用“爱”说话

我在带领父母成长团体时，常常会请家长们在图画纸上画出自己的家庭图，用直观的方式把家人的日常互动关系呈现出来，之后请大家写下每一个家庭成员对其他人最常说的一句话。我从中发现，家长们最常跟孩子讲的话大多是“到学校要乖一点儿”“有没有用功读书？”“还不赶快去做作业！”之类的。如果这时再来个角色扮演，那么，不管孩子的反应如何，半数以上的家长接下去的不只是一句话，而是滔滔不绝的说教。

我记得有一次，团体中的一位妈妈对孩子要求很多，而且当着团体成员的面，她坦承自己对孩子很霸道，即使孩子并没有什么出格的行为，她仍然会忍不住说很多。我邀请她来进行角色扮演，通过对生活片段的再现，我发现这位妈妈心中常有两种声音出现，一种声音是忧虑的母亲：“我的孩子现在这样，以后怎么办？”另一种声音是期望的母亲：“我希望我的孩子将来有所成就，出人头地！”这两种声音虽然听起来一个消极一个积极，但意思其实差不多。虽然听上去说的是孩子，实则表达的是自己的焦虑。

前者的忧虑固然出自关心，希望孩子认识到自己的不足，知耻而后勇，却忘记孩子是从错误中学习的，行为也是逐渐改善的，所以不能心急，要允许孩子犯错误；而后者的期待则是许多父母对子女未来的共同愿望，这些愿望本来没什么问题，不过要注意的是，别让期望造成孩子的压力和负担。对于有些敏感的孩子来说，他们会对挫折格外在意，担心自己表现得不够好进而失去父母的喜爱。有的孩子由于害怕自己做不到，与其日后让父母失望，不如现在就不要让家长对自己抱有希望，于是直接放弃努力。所以对于成就的界定，最好从多维度考虑，因人而异。人最大的成就是成为一个身心健康的人，有了这一基础之后，自然水到渠成。成就不是基于高IQ（成绩分数），而是基于高EQ（为人处世）。

其实家长们并非不重视孩子为人处世的培养，只是与IQ相比，EQ没法测量，也没法打分数，所以不少家长只在口头上讲讲道理，觉得孩子做得不好就批评几句。殊不知，孩子对为人处世的学习，更多源自他日常生活中的经验，他经历的事情、他对事情的理解都在塑造他成为一个怎样的人。儿童的自我了解和自尊很大程度上有赖于别人对他们行为的理解和反应。而父母的评价对孩子而言，正是他认识自己的重要途径之一。

那么作为父母，要常对孩子说什么样的话呢？鼓励、肯定孩子优点长处的话都是不错的选择，多说让孩子喜欢和亲近你的话，不吝啬说感激和道歉的话，不妄说夸大、不实的话。简单地说，用“爱”说话，别用焦虑说话。虽然我们爱孩子，但是我们不擅长说这样的话，我们总是忙着挑错，急于指导。“爱”是尊重、包容、有同理心、接纳、肯定、诚实……它虽不容易学，却对亲子关系意义重大！

4

愉快出行的亲子沟通术——“有限度的选择”

无论是假期出行还是平日外出吃饭，很多父母都会问问孩子的想法，这本是出于尊重孩子的好意。那要如何征询孩子的意见呢？不少家长的说法是：“你们想吃什么？”“你想去哪儿？”

这种开放式的问句，在鼓励孩子表达想法感受时很好用，但在这时用很容易给自己找麻烦。常见的情况有两种；一种是孩子回答“不知道”，可能是懒得想，也可能是真的没什么想法；另一种是意见很多，而且孩子的主意经常天马行空，还会变来变去。如果有两个或两个以上的孩子，那么不同的意见就更多了，再加上自己和配偶的喜好，常常争执不下，导致很难出门。即使决定了吃什么，仍会有人不高兴，因为他会觉得：“为什么不能满足我？我为什么要被牺牲？”原本愉快的行程反而弄得气氛紧张。

如果你也有类似的困扰，下次不妨试试“有限度的选择”。比如讨论晚餐出去吃什么，你可以说：“我们是去吃炸鸡还是去吃烤肉？”这种征询意见的方式划定了一个讨论的范围，减少认知负担，通常是提供两种备选方案，最多不超过三个。也许仍会有其他声音，这时你只需温和而坚定地说：“这一次我们在这两个方案中选一个，下一次你的意见会优先考虑。”如此，便可节约时间成本，化解不必要的争执，让大家愉快地出门用餐。

同理，探讨假日出行的目的地也可以用类似的方法。需要注意的是，如果你决定给孩子选择的机会，那么，他的意见就值得被尊重，你不能一票否决。倘若孩子的方案即使下一次也没办法满足，仍可以在考虑孩子需求的基础上，本着尊重的态度进一步细化选择，在有限的条件下满足孩子的部分需求。

在古希腊先贤亚里士多德的眼里，选择就是用理性来驯服欲望。“有限度的选择”让决定不再是听大人的或者听孩子的那么简单粗暴，而是使每个人的需求都被考虑进来，都会被关照到，同时也创设了一个让孩子学习如何选择的机会。选择从来不是一件容易的事，假如有完美选项出现，只要智力没问题，大家都会不假思索地去选，这并不需要什么技巧或者能力。但现实中的选择往往不是这样，要么是鱼和熊掌不可兼得，要么是两害相权取其轻。生活中我们面临的常常是有限的选择，以及有限的自由。孩子早晚要学会如何取舍，如何延迟满足自己的欲望。因此，除了培养孩子努力争取的心性之外，与之相对的另一种能力也不能忽视。那就是，即使事情的发展未能百分之百符合期待，我们也能接纳，并且做出有助于自己的选择。

5

培养孩子优雅言辞的亲子沟通术——鼓励和以身作则

小涛放学回家，不知为何讲了一句脏话，妈妈在客厅听到了，立刻加以制止：“你从哪里学来的？以后不准讲！要是下次再被我听到，看我怎么收拾你！”小涛立刻点头保证。到了周末，爸爸妈妈带小涛去奶奶家给奶奶过生日，刚好奶奶换了新手机，有些功能还不会用，妈妈就让小涛教奶奶。小涛拿过手机，帮奶奶设置好，开始教奶奶一些基本的操作。结果没几分钟，小涛忽然大声说道：“哎呀，奶奶你好白痴啊！”妈妈听了，脸色一沉，“你怎么说话呢？快跟奶奶道歉！”奶奶有些尴尬，连忙打圆场。回家以后，妈妈非常生气地处罚了小涛。可是小涛说脏话的情形依然未见改善，妈妈有时甚至觉得小涛好像故意在她身边讲脏话似的。

孩子说粗话、脏话是父母不喜欢的行为，可是有时父母会发现，不管怎么警告、怎么处罚，孩子依然故我。为什么会这样呢？一般来说，孩子说脏话有以下三个原因。

一是觉得新鲜、好玩。孩子接收新鲜事物的能力总是特别强，那些时不时从别人嘴里冒出来的新词，很容易就被孩子模仿去。这种情况，越是年龄小的孩子越是容易发生。一切事物对于孩子而言都是新鲜的，在家里没听到过的脏话也是新鲜的。孩子很可能还不理解脏话的真实含义，只是觉得很新鲜，很好玩，他很乐意把学到的这项新技能“展示”给大家。就如同其他不当的行为一样，孩子说粗话、脏话，起初也许是从别的地方模仿学习而来的，并不是刻意的。但经过父母的强调或过度反应，反而成了他们吸引父母注意力的武器之一，久而久之竟成了习惯。

二是情绪的宣泄。有些孩子受语言发展的限制，并不能很清楚地表达自己的情绪，而粗话、脏话作为口语很简短，又可以有力地表达负面情绪。当孩子遭遇压力、与他人发生冲突或者愿望得不到满足时，就会产生消极情绪，他们可能选择用说脏话的方式来表达自己的愤怒，发泄心中的不满，从而释放压力。

三是将说脏话当作攻击别人的手段。攻击这件事几乎可以视为本能了，早在婴儿期，孩子就会出现踢、打、踩等行为，到了二至四岁，孩子的身体攻击逐渐减少，言语攻击慢慢增多。这一时期的攻击大多是因为同伴冲突或者争抢玩具、零食，其中，为了占有物品而发生争吵，是最常见的原因。到了小学时期，攻击越来越多地具有指向性和敌意性，引起攻击的原因包括“赢得”利益、感觉到威胁、自尊受损等。

弄清楚孩子说粗话、脏话的原因，我们就可以对症下药了。面对第一类孩子，家长不要去强调“你怎么又说脏话”，而是要忽视。几次以后，孩子会发现采用这种方式没法引起父母的高度反应，得不到父母的注意，自然觉得无趣。而当孩子说出得体或优雅的话，父母立即给予鼓励或赞许，孩子就会选择用好的言行来获得父母的注意。这样一来，孩子口中的脏话自然会越说越少，适宜的言辞就会越来越多。

如果是第二种情况，孩子用这种方式告诉你他有了不愉快的情绪体验，作为家长要及时发现，先别急着批评孩子。你要换一种表达方式帮他“翻译”他遇到的事，以及他的感受。比如开篇的例子中，小涛妈妈可以这样说：“你教奶奶怎么操作，但奶奶有的没记住，你有点没耐心了对吗？”帮孩子确认他的情绪，接纳他的情绪，同时给孩子示范正确的表达方式，发展孩子的语言能力。

第三种情况下，家长首先要帮孩子创设一个冲突发生可能性最小的环境，比如提供足够的空间、玩具，限制孩子接触暴力节目或电子游戏；其次鼓励孩子尝试用可被接受的方式满足自己的需要。此外，对于敌意较高的孩子，父母可以在具体情境中引导他们寻找非敌意的线索，重新解释事件，还可以教导孩子一些情绪管理的方法。

6

一笑泯恩仇的亲子沟通术——风趣幽默

有一次，我和朋友共同参加了一个座谈会。在座谈会上，我听到这个朋友讲述了一位妈妈的故事。某天她的儿子为了一件小事和她争执，正值青少年时期的儿子跟她说：“你不要管我，你知道我现在是狂飙期！”做母亲的听了，幽幽地回了儿子一句：“有什么了不起的，你知不知道我现在是更年期！”“呃……”当场参与座谈的人或捧腹或掩口笑个不停。也许做儿子的不知道更年期真正的含义，不过我是真佩服这位妈妈的机智和幽默。

虽然一些如“狂飙期”“更年期”等词语不宜视为描述他人的“标签”，但是亲子沟通中却需要一些不那么严肃或正经八百的风趣和幽默，来平衡或调节自己的心态。

人为什么会笑？是因为轻松、安心、惊喜、危机解除……所谓的风趣或幽默，绝不是嘲笑。有些父母常习惯或不经意地在对孩子的言语中加入一些意含讽刺、挖苦的字眼，比如“你以为自己是×××？数学不及格就能当作家啊？”“呵呵，拿这种成绩可以跟爱因斯坦小时候比了！”更糟的是，有的父母还拐弯抹角地讽刺，比如“这么‘聪明’的孩子是哪家生的？”“有些人就像茅坑里的石头一样。”不难发现，风趣幽默会让谈话变得轻松，而嘲笑讽刺会使关系变得紧张，冲突加剧。

有时候，说话的内容并非那么重要，重要的是内心的意图以及态度语气。基本上，如果父母的内心是尊重的，没有轻视的，而且表情是亲和温暖的，即使说话的内容一样，但孩子听起来的感受也会不一样。如果父母平时并不习惯于风趣或幽默的对话，也无须刻意，幽默要慢慢培养，否则只能弄巧成拙。

根据观察，我发现不少父母在与孩子沟通中，不乏妙语连珠，这是人的潜能。对话只能在互动中产生，轻松的心情，耐心地倾听，加上平日的观察和阅读，自然会培养出幽默的言语。其实，中国人是很懂幽默的，只是有的人自己本身过于焦虑、紧张，有的人被家长的身份框住了。有位家长笑称，如果把自家孩子当别人家孩子，谈话气氛就和平多了。

当然幽默也不一定要用说的。一位妈妈分享过自己的一个经验，有天她的老公和儿子因为某件事情争论不休，说了半天两个人都各执己见，越说越气。她走过去，鼓起腮帮子，瞪着眼睛，做了一个河豚似的鬼脸，老公先是一愣，接着也做了一个类似的表情。儿子看着爸妈，然后绷不住气乐了。气氛缓和下来之后，老公和儿子都表示其实对方说的也有一定道理，接下来的沟通出乎意料地顺利。

家庭生活中，比对错输赢更重要的是欢笑，是亲情，别让家里只剩立场或观点，多一点玩心，多一点幽默和乐趣，你会有意想不到的收获。

7
构建孩子自信的亲子沟通术——言语积极

星期日，我到茶园喝茶。茶馆中顾客满座，十分热闹。这些茶客中，有的是数位好友大尝山上野味，有的是带家眷品茗闲聊。忽然身后传来一位母亲的斥责声，回头一看，原来是孩子在玩吹泡泡，却吹不出来，母亲一问之下才知孩子在小瓶中加了清水和盐，当即斥责道："笨蛋啊你，用盐水怎么可能吹出泡泡？"孩子嘴巴嘟嘟的，小脸涨得通红。这正是消极的话，更糟的是，这句话前面还加上了贬损孩子能力的"笨蛋"两个字。

这位妈妈显然并未察觉自己所言有什么不对，我想她平时对待孩子也可能就是如此。如果她知道这种消极且带批评的言辞，对孩子的学习和成长毫无益处，而且有害，她肯定不会这么说。

记得曾经有一个孩子就因为在幼儿园的学习中，被老师骂了"猪脑子"，还被其他小朋友笑话，结果，我花了近三年的时间来辅导他的父母，才帮助这个孩子重建信心，愿意学习新的事物。因此，父母在教育孩子的过程中应少说消极负面的话，批评或贬损的话更不宜说。因为，消极的话只会打击别人的自信心，批评或贬损之辞只会让孩子退缩、沮丧。

积极心理学之父马丁·塞利格曼曾指出：很多父母在教育孩子的过程中，非但没有教出乐观的孩子，反倒提供了许多悲观信息。这里的悲观是指在遭遇挫折时，陷在任何可能的原因里无法自拔。如果平时总是给孩子负面评价，到了关键时候（比如考试、演出、比赛等等）你跟孩子说一万句“你能行”“你最棒”都没有用。负面的评价是有毒的，很容易蔓延到生活的每一个角落，侵蚀掉孩子身上的每一寸活力和阳光。

有的家长会问：“那孩子干了蠢事，怕他感觉不好，我还不能说他了？”当然能。其实说孩子笨的家长无意挫伤孩子的自尊，很多家长只是希望孩子能更用心，笨鸟先飞、勤能补拙。但别忘了，没人愿意从小就被打上“笨鸟”的标签。即使接受了这个标签，内心也有一种莫名的恐慌与匮乏。这可能与背后的低自尊有关，具体表现为不敢主动去争取，对他人的评价分外敏感，在得到赞扬或者取得成就时也会感到内心不安。

那么到底要怎么做呢？成长过程中必然会有挫折，家长不能，也没有必要让孩子远离失败。我们要做的仅仅是在孩子遭遇挫折时，不能只给批评，还要有针对性地教育和协助。以上面的场景为例，当这位妈妈发现孩子吹不出泡泡是因为加了盐水，可以这样说：“你知道清水吹不出泡泡要在里面加东西才行，这是对的。所以你在里面加了盐，但还是吹不出来。你记不记得上一次爸爸是在里面加了什么？嗯，对，皂粉，不过现在这里没有……你要不要试试加点洗手间里的肥皂或者洗手液？”如果你了解相关的知识，可以顺便给孩子讲讲其中的原理，也可以等回家之后和孩子一起查资料。如果你有时间，还可以和孩子一起动手，用不同的工具吹泡泡，制作不同比例的泡泡液，看看怎么样能吹得更多，怎么样能让泡泡不容易碎，等等。如此教导才能使孩子明了事理，才能让孩子有信心去学习新事物。

8

培养孩子责任感的亲子沟通术——多用“一字词”

林家夫妇下班回到家，一进家门就看到两个孩子的书包、外套、玩具、漫画书散落在整个客厅。林先生生气地对太太说：“你看，一点规矩都没有，这一次我要好好教训他们！”

正当他想开口叫孩子们来时，林太太叹口气说：“算了，待会儿我来收拾。”

林先生听了更气：“都是你没教好他们，让他们自己去收拾！”林太太看了丈夫一眼，“我没教好？你行你来啊，气急败坏地训一顿能顶两天？之后还不是老样子。”林先生顿时没了底气。

这种情形，想必不少父母都不陌生，这个时候去责怪谁意义都不大。之前林家夫妇为孩子做了很多事，在某个时间节点他们发现“哎？好像这些事要孩子自己去做”，然后就要求孩子做，如果孩子没做就批评他们。责任感哪里是一夕之间就能培养起来的呢？况且一味地责备，并不能促进孩子与你合作。

这里介绍一个相对更具建设性的方法，那就是运用“我的信息”。遇到上面提到的情形，可以对孩子说：“你的东西放在客厅里（描述具体事实），我很生气（表达自己的情绪感受），因为这些东西让客厅看起来很乱，而且还给别人带来了不方便（说明孩子的行为造成的结果）。”前半段描述问题，将孩子的注意力聚焦在问题本身，因为是陈述事实，孩子此时不会有过多的抵触。随后表达自己的感受及原因，让孩子理解大人的情绪。这时不需要指责孩子，如果你忙着宣泄自己的愤怒，孩子往往也会被激怒，或者转为消极抵抗。父母要避免长篇大论，避免翻旧账，比如“你知不知道你这种行为……”“你为什么老是不听？还要我说几遍！”因为孩子很清楚这个结果是自己造成的。

如果要在问题出现之前进行预防，或者培养孩子养成良好的习惯，对自己的事情负责，还可以用“一字词”来提醒孩子。有的孩子不守规则，并不是他们不服管教、故意跟你作对，而是他们缺乏自控力。有的孩子粗心大意、丢三落四，也不是不懂道理，而是他们不够专注。所以这时候你需要给孩子一个明确的提示，“一字词”就是这个作用。所谓“一字词”，指的是一语中的说出问题的重点，而不是长篇大论地描述问题，甚至由此及彼地牵连出其他问题。太多的例子告诉我们，父母说得越多，孩子听得越少。比如，你想让孩子整理东西，只要告诉孩子“书包”“玩具”等简短的话即可，比起“你怎么把房间弄这么乱？你看看，这东一堆西一堆的找东西也不好找……你今天又忘带课本了吧，你要是好好收拾东西能忘带吗？下次忘带我可不给你送了……妈妈工作一天回家又做饭都要累死了，你怎么不让妈妈省心呢？……我给你收拾你又说找不到东西……”是不是简单明了得多？

当然，在实际应用中，也不用局限于口头提示，比如你可以和孩子约定好一个手势，或是留一张便条、列一份清单，都能帮孩子迅速抓住重点，令他用自己的方式完成任务。

Chapter 5

父母教子有策略：开启孩子的情商宝库

在孩子成长过程中，他们可能会出现一些偏差行为，也可能会遭遇到一些挫折、危机。父母不可能每分每秒跟在孩子的身边，或把孩子放在一个无菌的温室里，孩子们总要培养面对问题的勇气和解决问题的智慧。面对这种情况，父母应该怎么做，才能纠正孩子的偏差行为，帮助他们战胜挫折、化解危机呢？

言传身教是父母应掌握的首要教子策略，此外，父母还应掌握一些其他教育子女的策略和方法，这样才能真正帮到孩子，开启他们的情商宝库。下面就让我们去具体了解这些策略吧！

1
在言行上给孩子树立起好榜样

五岁的女儿跑到父亲的身边，抬起头看着父亲说："爸爸，我们来玩过家家好不好？"父亲回答说："好。"

女儿提议："我来演你，你演妈妈。"父亲觉得有趣，也爽快地答应了。

女儿说："那好，开始了啊。"说着跑到客厅中间，皱着眉头说："阿珠，你是怎么搞的？客厅这么乱，怎么不收拾……"女儿肉肉的小手指着父亲，说出一连串的指责，像极了平日父亲抱怨母亲时的模样。

父亲一脸尴尬，"我哪有这样……"

母亲在一旁看了不禁哈哈大笑，对孩子的父亲说道："你看看，这下你知道你平时在家里是什么样子了吧！"父亲面有愧色，若有所思……

上面这个场景是从一位妈妈口中说出来的，让当时在场的人都粲然一笑，有人说这个小女孩聪明伶俐，有人若有所思："做父母的真得多注意自己的言行才是！"没错，孩子天生就是观察家，不仅很会观察大人的行为，而且还会不知不觉地学习、模仿。伴随记忆能力的发展，大约一岁半以后，孩子还会将日常发生的事情以及对周围人的观察记在脑子里。到这一阶段，虽然模仿行为没有立刻出现，但不代表他们没有学到。过了一段时间，孩子会以创造性的方式表现出来，有时还会把周围的人吓一跳。

模仿是孩子进行观察学习的重要一环，是孩子适应环境的重要技能，孩子的模仿行为无处不在，从简单到复杂，从动作到言语，从日常活动到社会行为。两岁左右的孩子就能够通过模仿来获得重要的个人和社会技能了。因此，父母可要留心了，自己的一举一动、一言一行都会成为孩子效仿的对象。由于孩子尚未发展出分辨行为好坏的能力，大人的态度和反应常常是影响孩子模仿行为的关键。如果他学来的话语、行为会引起大人的注意，惊讶、大笑，或者其他强烈反应，孩子就更愿意重复这样的做法；如果孩子的模仿行为不被鼓励或者大人反应淡漠，孩子对该行为就渐渐失去模仿的兴趣。

孩子的眼睛就像照相机，不断记录下生活的点滴，在心里渐渐勾勒出父母的形象，这个形象也成为他长大后建立其他人际关系的“底板”。家长的道德修养、言行举止都会潜移默化地影响孩子。我们常常认为，育儿是一个教育孩子的过程，其实更多的是家长教育自己。与孩子相处的点点滴滴，无不映照出我们自己的人格。不知道你是否还能回忆起第一次从孩子瞳孔里看到自己，那时脸上洋溢着怎样的温情与慈爱，而当你对孩子发火时，下次不妨看看镜子里的自己，那又是怎样一副脸孔。这个道理很多家长其实都明白，真要做起来却不容易。有些父母所表现出来的态度，用一句话来概括就是：“你要按照我所说的，不要按照我所做的！因为我是大人，你是孩子。”如此不一致的教育方式，只会让孩子感到混乱，学到口是心非的待人态度，或者含混不清的处事原则。

我们虽不是道德楷模，不是礼仪专家，难免有瑕疵，难免有疏忽。但为了孩子，父母要努力变成更好的自己。因为模仿是孩子的重要学习方式，而那些糟糕的行为又恰恰是最容易学会的。因此，家长不希望孩子做的事，自己也别做。在把问题归结到孩子身上之前，家长先要反省自身的言行。比如，想要纠正孩子在电影院、图书馆等吵闹的行为，那么，在这些地方家长也要把手机调至静音，轻声讲话，避免影响他人。

很多时候，孩子不讲规矩是源于家长的“懒惰”，没有耐心教导孩子，不去跟他讲为什么要这样做。重要的事情是要重复说的，孩子需要多次提醒行为才能步入规范，此后还需要进一步去固化。同时，如果有长辈帮忙带小孩，和长辈也要提前沟通好教育理念，并把规范细化，比如“打喷嚏最好要用手帕或是纸巾挡住嘴巴，手边没有纸巾的话要转过身，不要对着人”“用别人的东西时首先要征得同意，小心使用，按时奉还”等。让孩子亲眼看到父母自身具备的爱心、修养、友善、责任……做孩子的榜样，这是你给孩子最好的礼物。

2

父母的“身教重于言教”

一天，我和友人从一家电动玩具游乐场门前经过，看到一个大约初中模样的女孩子正向她的妈妈要钱玩电玩，妈妈给了她五十块钱，女儿想多要一些，妈妈不肯给，摆摆手不耐烦地说：“别磨我！就是不给你能怎样？”女儿顶撞道：“不给你试试看，小心我翻脸！”说着就动手抓妈妈的皮包……

这么一段母女互动，在熙熙攘攘的人群中引得人人注意，身旁的朋友回头看一眼，摇摇头叹道：“你听见没有？这对母女在说什么话，没大没小的，成何体统！”我的心中虽没有权威体统之感，但对她俩的这种行为也很是好奇。不禁放慢了脚步，发现那对母女仍在争执。女儿有些气急败坏：“你自己玩掉这么多都可以……一百块都不给我！”“好了，好了，别闹了！这么多人在看，你不丢脸啊，再给你一百块……”

“难怪了！”我恍然大悟。朋友问：“什么难怪了？”“你看，这位妈妈自己也玩电玩，还玩掉不少钱。而且你听这位妈妈对女儿说话，态度、语气本身也没什么权威感，难怪孩子也学会如此……而且最后孩子目的也达成了。”朋友叹道：“时代变了，现在的父母越来越没有权威了，和孩子讲话都像兄弟哥们儿了。”

年轻的父母常常会羡慕西方那种朋友似的亲子关系，可以开开玩笑，关系轻松随性。不过在自己的生活中实践起来却常常很矛盾，有位父亲对我说："孩子可以有自己的想法，如果和我的想法差不多，那可以听他的，但如果和我想的差太多，就还得听我的，不然就是不孝。"其实，没有哪一种关系是完美的，朋友式的亲子关系也是如此。如果你也想要这样的关系，不妨想想以下几个问题。

· 你想要像电视广告上那些乖巧、孝顺、帮父母打洗脚水、很贴心的孩子吗？

· 你喜欢你的孩子跟你没大没小，直接喊你的名字甚至搞恶作剧吗？

· 你尊重你子女的选择，到了十八岁就要独立，或外出求学，或搬出去过自己的生活吗？

· 你喜欢亲子之间讲求权利义务，像朋友一样各自独立吗？

· 子女长大成人以后，外出工作生活，逢年过节选择旅行却不回家团聚，你会毫无怨言吗？

父母与子女呈现朋友状态，子女多了一对年纪大的朋友，却失去了父母；父母多了一对年纪轻的忘年之交，除去法律上的权利义务之外，其余的事情父母不会插手，也不见得插得上手。我们提倡亲子之间有平等的沟通机会，并不是像上面那对母女一样，对话中如此欠缺尊重，且含有威胁、挑衅的意味。传统式的亲子关系也好，朋友式的亲子关系也罢，尽管时代变了，但中国人所言"身教重于言教"是不会变的。这位母亲的所言所行可谓一个不太好的示范。

说到身教，我想起另外一个例子，有位妈妈说她觉得自己和老公都是勤俭节约的人，平常也叮嘱儿子节约，辛辛苦苦赚钱不容易，既有言传也有身教，可是孩子既不节俭也不勤勉。真不知道哪里出了问题。为什么言传身教都失效了呢?

原来，问题出在他们的言传身教有点“双标”。他们夫妻二人虽然自己吃穿用度都很节俭，嘴上也跟孩子讲了很多道理，说了很多故事。但是儿子从小时候开始，只要一哭闹，无论是新款玩具还是限量款的球鞋，他们都会满足儿子的需求；做好的饭菜儿子不爱吃，立刻给孩子叫外卖，或者带孩子出去吃。用这样的双重标准来处理问题，时间久了，孩子就认为自己理应与父母的待遇不一样，勤俭节约是父母的事，跟自己没关系，父母就是要优先满足孩子。所以在培养孩子某种品质时，父母要注意标准一致，可以有弹性，但不要“双标”。

3

这样说“不”，孩子不受伤

元宵节之前，叶妈妈与孩子约定：好好写寒假作业，做完作业就带孩子去迪士尼看表演。没过几天，孩子就说想去迪士尼看表演。虽然孩子没有完成作业，但她不忍心让孩子失望，最后仍满足了孩子的心愿。到了元宵节这天，由于她没有答应孩子晚上去看花灯这个要求，她和孩子之间出现了很大的不愉快。

之后，孩子耿耿于怀，怪妈妈不带他去看花灯，而且连续好几天吵闹不止。叶妈妈心里五味杂陈，又是生气又是自责，气孩子得寸进尺，怪自己没有坚持原则，甚至还有点伤心。她说：“孩子似乎看穿了我的心，那天还问我，‘妈妈，元宵节一年只有一次，我都盼了那么久了，结果你说不去了，你要是我的话，你会感觉好吗？’糟糕的是，我学过同理心，也一直按照这样的方式对待我的孩子，但是现在我真不知该如何是好了。”

“同理心”是了解孩子和促进良好亲子关系的方法之一，但是不能将它与“同情”混为一谈，而叶妈妈的困扰就是，看不得孩子的楚楚可怜而失去了自己坚定的立场。面对孩子的要求，尤其是撒娇之类的软性要求，妈妈们常常不知道如何处理，心中明明是想说“不”，可是嘴里却说“好”。

叶妈妈在这一场亲子的拔河中，早在先前的让步中就输了。虽然以看表演作为孩子完成作业的条件也不是很恰当，但是既然叶妈妈已经提出在孩子做完寒假作业的前提下，再去玩的约定，双方就该遵守。当孩子没完成作业却提出去玩的要求时，她就应该坚定地说“不”。拒绝孩子，不一定非得声色俱厉；对孩子说不，一样可以做到共情。叶妈妈可以说：“我知道你很想去看表演，如果去不成你会很失望。但是你和妈妈约定好，要先完成作业，我们才去看。”孩子会知道妈妈理解他的感受，也再一次强化你们的约定。不过即使这样说，孩子仍会有挫折感，有的孩子还会对父母做出各种不同的情绪要挟，但是经过几次这样的经历后，他自然会学习到如何遵守约定。

面对骨肉至亲，有些家长太怕孩子不快乐，还有部分家长由于自身童年遭遇挫折，产生过度补偿，认为自己有义务去取悦孩子，满足孩子的各种需求。刻意讨好的教育态度和方法，只会让孩子养成凡事以自我为中心、自私自利的个性。一个被宠坏的孩子，是无法面对生活中的挑战和挫折的，而且，当别人不顺从他或帮助他时，他会产生强烈的自我怀疑以及挫败感，认为自己是一个无用的人。

家长们顺从孩子的要求，或许可以给自己带来短暂的安宁，但需要注意的是，在取悦他们、满足他们的需求时，妈妈们要先审慎地了解他们的要求是否合理。如果是不合理的要求，家长们就应该明智地否决，并且要有说“不”的勇气。

成人的世界充满了荆棘困难，孩子需要去学习如何面对阻碍，这样，他们在长大后方能够顺利地度过危机。有些父母误以为孩子长大以后，自然会有能力应付挫折，这种想法其实是很危险的。就像你不能指望孩子在18岁生日那天一夜长大一样。孩子若在成长中没有经历一些不如意或不顺心的事，没有经受风风雨雨的考验，他在长大后又怎能具备不畏艰难的挫折容忍力呢？

孩子向父母提出要求，这是很正常的。但是，有些孩子不断地索求，其实不是对某些东西感兴趣，他们重视的是父母买东西给他们、实现他们愿望的行为，他们是想从父母的给予中确定父母对自己的爱。在有两个孩子的家庭中，如果两个孩子年龄差距不大，你不难发现给其中一个孩子买东西，另一个即使本身并不需要，也常常吵着要买。

父母一味满足孩子的需求，一方面只会让孩子无止境地索求，歪曲了金钱价值观；另一方面当孩子的要求遭到父母的拒绝时，孩子很可能会误以为父母不爱他们了。

因此，当孩子提出不合理的要求，比如逾越界限、违反约定等情形时，父母需要温和而坚定地说“不”，不要害怕让孩子失望或伤心，爱是克制，这才是真正关爱孩子的表现，同时也是教导他学习尊重父母的方法。做一个自我肯定的父母，试着温和而坚定地说“不”，这对孩子的成长是有利无害的。

附：

“不”的另一种说法

（1）“冰激凌吃多了不好，来点酸奶吧。”心理学家戴维·沃尔什（David Walsh）建议，对孩子说“不”时，也提供其他选择。

（2）“面条要拿来吃，不要拿来玩。”家庭咨询师琳达·索尔金（Linda Sorkin）说，与其告诉孩子“不要”做什么，不如告诉他“要”做什么。

（3）“我们动嘴巴，不动手。”索尔金解释，孩子动手打人是需要发泄的表现，这样说可以安抚孩子的情绪。

（4）“这样会痛，我们要温柔。”明星保姆玛瓦·苏格伦（Marva Soogrim）说，当孩子拉扯宠物尾巴或攀折花木时，这句话最好用。

（5）“我来教你怎么玩吧！”心理学家弗兰·沃尔费什（Fran Walfish）说，如果孩子拿玩具乱丢，参与他的游戏比厉声说“不”更好。

（6）“边哭边说话，妈妈听不清楚。”心理学家理查德·布罗姆菲尔德（Richard Bromfield）建议以这样的方式，鼓励孩子沟通。

（7）“小心！妈妈要来抓你啦！”心理学家艾琳·肯尼迪·摩尔（Eileen Kennedy Moore）建议逗孩子笑，可以让他更听话。

（8）“把电话给妈妈好吗？你可以拿这个玩具。”艾琳·肯尼迪·摩尔说，拿玩具跟孩子交换，比从他手中抢来好。

（9）“我们回家才脱鞋。”心理学家奥黛丽·瑞克（Audrey Ricker）说，有时候孩子就是想做某件事，与其叫他不要做，不如告诉他什么时候才可以做。

（10）“烫！危险！”瑞克说，情况紧急的时候，用严厉的声音喊出，比大喊“不要”更有用。

4

尊重和鼓励孩子发展不同个性和能力

你看看哥哥，你怎么就不能像他那样用功！

你妹妹各方面都表现得很出色呢，你多学着点！

我们小时候，父母就经常用家中一个孩子的表现和成就来刺激另一个孩子的学习，即使独生子女家庭，父母口中也总有个“别人家的孩子”。父母本是希望借此机会来激励另一个孩子“见贤思齐”，让他们也能有同样的表现和成就。不过，通常这种刺激非但没有起到激励作用，反而造成负面的效果。

我曾教过一位学生，她的姐姐和她从小学、初中到高中都在同一个学校，她不仅在家里备受打击，在学校也是如此。那些曾教过她姐姐的老师在看到她的名字时，都会说：“某某人是不是你姐姐？她非常优秀哦！”甚至有的老师会说：“加油！你可别丢你姐姐的脸！”原因就是：她有一个德智体美劳样样出色、大她两岁的姐姐。她说，尽管自己不服输，但总觉得成长在姐姐的阴影下。

我个人也有类似的经历，而我恰恰是那个造成压力的人。我从小喜欢各项活动，读书也不差。我也从未想过自己会给弟弟妹妹造成什么压力。爸妈虽不会拿我来刺激他们，但有形无形中，家里总以我这个长子当作弟弟妹妹们的榜样，我自己也觉得这很正常。直到有一天，我妹妹告诉我说："你知道吗，多年来我一直生活在你的阴影之下！"我顿然醒悟，虽然对已经毕业工作的妹妹使不上力，但当时我至少来得及鼓励正在读高中的小弟说："你有自己的能力，我愿意成为你的踏脚石，帮助你青出于蓝而胜于蓝……"我不知道这一番话对小弟的影响如何，不过至少看到了小弟日后很有自信地走出自己的路，而且表现杰出。

通过平日带领父母效能系统训练课程或团体的经验累积，我立即想到有关的教育理念和原则，就是"家庭星座"。所谓"家庭星座"，即比喻家庭中的结构犹如银河系中的星星一样，有各自的位置，保持相对的平衡。家庭的排行会影响兄弟姐妹的性格和行为。例如，除了先天具有的能力原因之外，我们发现，有的哥哥姐姐语文能力好，弟弟妹妹则可能从文艺、运动等方面寻求发展。在个性上也有类似情况，两个孩子中很可能就会出现一个外向、一个内向，或者一个好动、一个好静的现象。

这里只做简单的举例，其实家中不同的孩子都有其相异的个性和能力的复杂发展。例如，孩子从出生到成长过程中，很自然地就会学习到：你在这个位置，那我就在别的位置，我的表现要与你不同。于是，如果大孩子在某方面的才能已经获得父母的注意力和肯定，那么小一点的孩子则会从其他方面去获得自己在家中的归属感。

简而言之，每个孩子都试图在家中寻求自己的一席之地。因此，他们根本不需要父母来刺激他们向自己的兄弟姐妹学习。有时，父母的过度刺激反而更易造成他们抗拒，让他们刻意在另一个孩子表现好的地方落后、退步。

为人父母者，可别忽略孩子之间这种悄然达成的默契！

附：

你了解孩子的特质吗？

如今，很大一部分家长为了不让孩子输在起跑线上，安排孩子上各类补习班、特长班，不然就是买许多课外辅导资料给孩子，希望孩子能出类拔萃。但你是否认真想过，对孩子的要求是否符合他的特质呢？

与孩子的互动中你是否出现过下列行为或想法。

· 为了让孩子高人一等，一定要送孩子到才艺班、补习班。
· 孩子虽某项技艺表现杰出，但学业表现才是最重要的。
· 在家中孩子少有表达自己想法的机会。
· 常拿其他孩子在学业上做比较，忽视自己孩子不同方面的表现。
· 孩子只要功课表现好，其他方面应不会有问题。

望子成龙、望女成凤是身为家长对子女的期望，但上述的行为与想法对孩子不见得都是好的。记住要听听孩子的声音，让孩子顺应天性发展。

我们可以这样了解孩子的特质

· 接纳、尊重孩子，不强求孩子参加他不喜欢的课程。
· 不强迫孩子接受与其特质、发展不同的事物。

· 了解孩子的特质、激发潜能、顺应天性发展，让孩子找到适合自己的路。

· 不要勉强孩子达成自己的期望或完成自己的梦想。

· 思考对孩子的期望是否合乎他的能力、兴趣、理想。

合理适度的期望可激励孩子努力向前迈进；反之，过高的期望往往容易造成孩子难以承受压力。生活中常与孩子分享彼此的生命经验，是亲子相互了解的好方法。

5

肯定个别能力，增进手足之情

在有两个或两个以上孩子的家庭中，常让父母感到头痛的问题之一，就是要不断地卷入孩子的争执当中。通常，对于孩子之间的争吵，父母可以采用不站边和离开现场的方式来处理。如果其中一方来找你告状，就用同理倾听的方法处理，专注地听完孩子的叙述，然后平静地表达自己的看法。

比如，“我知道了，等下我会去和哥哥谈谈。”（这表示你不会只听一面之词，也要听听哥哥怎么说）

“我想这是你们之间的问题，我相信你们会好好地处理的。”（孩子之间有他们的游戏规则，家长相信孩子有能力处理自己的问题）

“你觉得很委屈，我很了解你的感觉。”（孩子想要你理解他、安慰他）

还有一种做法是采取“肯定个别能力”的鼓励原则。我们在上一节提到过，每个孩子都有不同的能力，无须比较，更不宜拿来当作互相刺激的筹码。父母应该重视每个孩子都有各自的专长，从鼓励孩子原有的能力开始。例如，与其说“学学你哥哥”，不如说“哥哥在某某方面很有能力，但你在这方面表现也不错”。有时，孩子在得到某方面的肯定后，这种信心会转移到其他方面，从而促进其他能力的发展。为了帮助孩子正确看待自己的能力，父母要做到三不：不删减、不贬抑、不忽视。

人们往往喜欢自己擅长的事，所以，从“肯定个别能力”的精神和效果来看，父母不需要以某个孩子的个别能力来刺激另一个孩子学习。让每个孩子经由父母的鼓励去发展自己的能力，让他们拥有属于自己的天地，对自己的能力有信心，这才是开明父母的做法。

然而，这不是说表现优秀的孩子无法成为另一个孩子的学习榜样。榜样是模仿的前提条件，但模仿是自发产生的。每个孩子在生命最初，都有“择优而学”的心态，即使是成绩不好的孩子，也有一颗时刻准备着的上进心。许多家庭中，表现好的孩子确实起到一些良好的带头示范作用，尤其是在学习态度和习惯方面（比如喜欢阅读、良好的预习复习习惯、自己整理书包、衣柜等）。父母如果及时肯定这些行为，孩子就会有重复这一行为的愿望。需注意的是，这种学习的影响只有在兄弟姐妹有良好互动关系时才能生效，关系不好的手足之间是很难有相互学习的效果的。如果你总是表扬一个孩子，批评另一个孩子，那个被批评的孩子会觉得自己在家中暗淡无光，没有被接纳，也不被父母所爱。

因此，肯定孩子的个别能力，发现他们各自身上的闪光点并及时鼓励，才是父母的明智之选，不仅能避免不必要的纷争，还能促进孩子之间的合作，增进手足之情。

6

在生活点滴中培养孩子的耐性

情境：

孩子不耐烦地把数学作业一丢，说："烦死了，老师要我们做这么多的习题，我做到明天早上都做不完！"

不同的家长反应不同：

反应1："什么话！做功课还不专心点，赶快做！有这抱怨的时间都写完两道题了。"

反应2："老师留的作业一定做得完的，别人怎么能做完呢？要有耐性！"

反应3："作业太多，做起来很累。我有个主意，你每做完一页就来厨房吃点水果，休息一下充充电。"

教导孩子学习耐性需要智慧和方法，上述反应1和反应2的教训语气，很难培养孩子的学习耐性。采用反应3的家长在接纳孩子感受的基础上，采取了"少吃多餐"的方法，这个方法不仅可以让孩子不会因功课的分量而有压力，还能帮助孩子分解目标，从中培养耐性。

在面对挑战时，即使是一丁点儿小困难，有些孩子也很容易放弃，家长们常因此感到生气或无奈。此时与其花时间去抱怨，不如着手培养孩子的耐性来得事半功倍。小一点的孩子，家长可以让孩子在游戏或运动中学习“等待”，比如，外出用餐时，通常孩子吃得较快，他们不会像大人边吃边聊天或慢慢品尝，因此他们在吃完饭后，常会坐不住乱跑，或没耐性地催促父母赶快吃，父母时常因此而生气，斥责或限制孩子的行动。此时，父母较有效的处理方法之一是对孩子说：“你不是带了图画纸和笔吗？趁着有空，画幅画，你可以把今天令你印象深刻的事情画下来。”用这样的方式帮助孩子学习等待。在去需要排队的地方也别忘了让他带本喜欢的故事书或几件玩具，以免孩子因等候太久而失去耐性。类似的做法，父母如能举一反三地运用，相信孩子会从生活经验中学会等待。这里面父母的以身作则也十分重要，如果父母在工作或是驾车时都显得烦躁不安或者忍不住生气，孩子自然也很难学到耐性。

稍大些的孩子做事遇到困难，会把“我做不了”“我不行”“我不能”之类的话挂在嘴边。其实他们背后的意思是“我不要”，不要去尝试，不要失败。很多父母对此的第一反应通常是“这怎么能行？”紧接着就开始为事情辩护，告诉孩子这件事有多重要，竭力想要转变孩子的态度，把孩子推上去。比如开篇的例子中写作业的问题，有家长就会说：“按时完成作业就是你的任务，你写不完，证明你学得不够扎实，上课没有好好听讲……现在完不成，后面的学习就会落下更多，到时候补都来不及。”而孩子那么聪明，他也不甘示弱，他会展现出更多的抗拒告诉你事情有多难，自己做不了。培养耐性不是讲大道理，这时家长要警惕的是，不要把孩子逼到和你相反的立场上去。你和他是站在一起的，你们要“组团打怪”。培养孩子耐性的过程更需要父母的耐性，你的包容接纳，更会催化这一过程。

7

拓展水平思考能力，帮孩子化解危机

几年前，绑架孩子的事件一度引起了社会不安。我的一位朋友为了宝贝独子，特地把原先的交通工具摩托车换成了一款安全性能较高的SUV，准备每天接送孩子往返学校。读小学三年级的儿子看到父亲的这种买车举动，跟他讲了一句很有意思的话：“老爸，我本来不是别人绑架的对象，但自从你买了这辆新车后，我想我可能有危险了。”

好一个高EQ的孩子，也许孩子只是一句幽默的反应，却值得为人父母者省思。对于孩子的安全问题，父母会有如此的紧张情绪或保护措施是可以理解的。在我们力所能及的范围内给孩子保护，在我们力所不及的范围帮助孩子拓展应对突发事件的能力。父母可别低估了孩子的能力，其实孩子从小就具有解决问题的潜能，从把不同形状的图板放进相同形状的洞洞箱，玩游戏时与同伴协商游戏规则，到处理人际关系，解答功课习题等，我们都可以看到孩子在运用他们的问题解决能力。他们也会像大人一样去思考如何应对这种“万一”的情况。更重要的是，他们同时也在观察父母面对问题与解决问题的态度和方法。因此，如果父母每天紧张兮兮地甚至矫枉过正地提醒孩子，只能让孩子学习到错误的问题解决方法。

陈妈妈听闻校园女童在厕所被偷窥的事件，紧张地警告读小学的女儿：上学放学要和同学一起走，不要理会陌生人，在学校上厕所要锁好门，留意周围有没有奇怪的人。陈妈妈给女儿提供了一大堆防范策略，结果是让孩子连十分钟去学校的路都不敢走。最后，这孩子还因为不敢在学校上厕所而引起了肾脏发炎。

不可否认，每每听到社会上拐卖孩子、校园暴力、儿童侵害等与孩子有关的负面消息时，家长普遍都会感到担心忧虑，不过父母首先要做的是察觉内在发生的变化，接纳自己的这种情绪。而后，以成人的智慧来调整情绪，因为孩子即使不开口，也会在一旁观察父母的反应，甚至模仿父母的行为。因此，父母在处理这种事情时，稳住自己的情绪是前提。虽说危机是危险和机遇并存，但如果你被情绪左右，任由无助、绝望、愤怒、失控占有你，你会瞬间“变笨”，而不是急中生智。

沉着冷静，然后再适时地与孩子讨论面对不利情况时都有哪些化解危机的方法。否则，先将自己的焦虑传染给了孩子，孩子在自己的小脑瓜里演出一幕幕危机场景，担心得不得了，这时即使教导孩子再多的防范方法，都是徒劳的。

父母平日可以通过游戏、童话故事来模拟一些突发事件，锻炼孩子的心理素质，同时传输一些安全常识，帮助孩子识别潜在的危险，学会自我保护技能。有一位父亲在家中用“角色扮演”的方式来模仿歹徒绑架孩子，他的三个孩子乐在其中，并表现出很多出人意料的应对危机的智慧。当孩子面对与同学发生争吵、数学题解不开、担心歹徒加害等问题时，父母不要着急给孩子出主意或条例式地告诫孩子，你可以先引导孩子描述问题、分析问题，然后再引导他思考可能的解决方法和采取各种方法的可能结果，最后是评估方法和结果，或是在实际情境中去试验这些方法。

这里有一些关于讨论问题解决的参考例句，比如，“你觉得原因是什么？”“为了达成某某目的，有什么办法呢？”“如果是你的话，你会怎么办？”“这种情形发展下去，会有什么结果？”“除了这个方法以外，还有其他可能的方法吗？”即使刚开始，孩子的回答不现实、不够周全，父母也别太快做评论，让孩子多思考、多表达，引导并协助孩子找到其中比较好的解决方案，或者把几个方案进行组合、优化，不过别忘了答案不止一个，最先想到的未必是最好的。这样的亲子“头脑风暴”才是教育孩子应对突发状况的上策。

如果你做到了这些，即使在你关照不到的地方，你也不用精神紧绷，甚至像美剧《黑镜》里的妈妈一样，为了女儿的安全，全天候地“监视”。因为你已经帮孩子建立了解决问题的方法论，你要相信，你的孩子有能力面对充满各种挑战的人生。

Chapter

6

疏导孩子的情绪：培养孩子的品格和能力

情绪本无对错，但经常出现的负面情绪会影响孩子的成长，也会给父母带来困扰。负面情绪是不能避免的，只能化解。因此，父母要注意疏导孩子的情绪，让孩子保持稳定的情绪。

在疏导孩子的情绪时，父母要讲究策略。如果策略运用得当，不仅能顺利疏导孩子的负面情绪，同时还能培养孩子的某些品格和能力。接下来就让我们看看疏导孩子情绪的策略有哪些吧！

1

冷静面对孩子的负面情绪

走在商业街上，忽然听到身后传来孩童的哭声，回头只见一个四五岁的男童，一面骑着三轮小童车，一面不住地啼哭。本以为他迷了路，正要上前询问，只听到一声呵斥：“再哭，你就自己回去，不要跟着我！”就在这孩子的前面几步，一位母亲正回头骂他。寥寥几句，也听不出到底发生了什么事，也许是孩子吵着要买什么东西，或者母亲不要孩子跟着来。

家长们常弄不清楚，为什么孩子敢在大庭广众之下哭闹？其实道理很简单，也许孩子了解大人的面子问题，他知道爸妈在许多人面前不太敢对他怎么样。这往往是他根据过去的经验得出的结论。

其实，家长们大可不必因此感到丢脸和恼怒，因为你并不孤独，大多数的孩子遇到不顺心、不如意的事都会如此，不只是你的孩子。旁观的人群中若有家长，也会对你投以同情和支持的目光。抛开面子的问题吧！此刻正是一个培养孩子情商、让孩子学习情绪管理的能力的好时机。父母在这时一定要保持冷静，先弄清楚到底发生了什么，听一听孩子的说法，了解他们真正想要的是什么。排除困了饿了累了等情况，如果是孩子一言不合，乱发脾气，家长可以坚定地向孩子表明：“如果你想跟我去，就不能再哭了。”“那个玩具家里已有类似的了。”如果影响到了他人，可以把孩子带到相对安静的地方，告诉孩子你可以给他一点时间，如果他还是很生气，一直哭，就一起回家。

有家长可能觉得“这些话我都说了呀，孩子才不理我呢！”记住，话虽一样，但心平气和地说出来与心浮气躁地说出来的意义不一样，愈是坚定的态度、平静的语气，愈是有效。也许前几次并不能立竿见影，但坚持几次以后，孩子会学到争吵哭闹是没有用的，转而采用更具合作性的、建设性的方法。等孩子平静下来，家长可以和孩子讨论一下刚刚发生的事，教会孩子在公共场合的适宜行为，以及如何表达自己的不满。

父母即使再急再赶时间，也要先解决孩子的哭闹问题，否则只会破坏心情，反而更耽误事。在解决孩子的问题时，对于年龄较小的孩子，家长不妨加点童心，把表达放有趣点，转移孩子的注意力，比如说：“那边有好多人在看什么啊……”“哇，你看这家店有好多好玩的东西……”在许多时候，高情商的父母也常采用这种方法处理孩子的情绪问题。需要注意的是，在引导孩子时，要跟随孩子的步调，如果孩子没有被吸引到，家长也不能说“这不挺有趣的吗？你怎么不感兴趣……”之类的话，那样孩子会觉得你又在责备他了。

2

“停、看、听”三部曲帮助孩子释放坏情绪

孩子放学回到家，向你报告一件事：“我今天在学校被老师处罚……”身为父母的你会采取以下何种反应？

第1种反应：“为什么？是不是你不乖？”

第2种反应：“我现在没空，等一下再说。”

第3种反应：“该！平时说你总不听，这下被老师罚了吧！”

第4种反应：“好了，又不是什么大事，下次改进就是了。别难过了。”

第5种反应：“看样子你很伤心，还有点委屈是吗？愿不愿意告诉我发生了什么事？”

我小时候，我妈常常是第三种反应。显然最后这种反应比较符合现代教育理念，是亲子之间较为理想的交流方式。在亲子沟通中，谈话的氛围很重要，会直接影响谈话的效果。很多家长都知道这个道理，但要做起来却无从下手，特别是当孩子陷在情绪的旋涡中的时候。那么究竟怎样营造良好的沟通氛围呢？不妨试试“停、看、听”三部曲。

“停”是暂时放下正在做的事情，放下手机，注视对方，将你愿意空出时间认真听孩子说话的态度传递给孩子，表示你很重视他，给孩子表达的时间和空间。如果你手边的工作很紧急，你可以和孩子约定一个明确的时间，而不要概括地说“等一会儿”。

“看”是仔细观察孩子的面部表情、说话的声调和语气、手势及其他肢体动作等非语言的行为，推测他的内在感受。虽然我们不能直观地看到孩子的内心世界，我们却可以通过孩子的行为表现间接了解。比如生气时咬牙切齿、沮丧时垂头丧气、焦虑时坐立不安等。

“听”是专心倾听孩子说什么，同时以简短的语句重复或概括孩子讲述的内容，帮孩子理顺事情的经过。你可以结合上一步“看”的内容，反应孩子话语背后的想法和感受。比如“你觉得老师不公平？”“你很生气自己被冤枉？”等。

孩子的行为也许确实有不对之处，但孩子的感受不应被否定或者打压。早在出生的第一年，孩子就已经出现快乐、愤怒、悲伤、恐惧、惊讶等基本情绪，两岁左右的婴儿就能开始表现出诸如尴尬、内疚、嫉妒等复杂情绪。情绪是与生俱来的，要让孩子知道，自己会出现各种不同的情绪感受是非常正常的。如果家长说“芝麻大点事，至于气这么久吗？”“自己做错事还有脸哭？！”孩子就会对自己产生怀疑。

父母要在反映式倾听之后，试着去接纳孩子，表现出对孩子的关切和理解，比如“爸爸知道你很伤心”“妈妈理解你的感受，那时你一定很尴尬，甚至很无助”“你的表情告诉妈妈你心情很不好”“老师当着全班同学的面，用那么激烈的语言批评你，换了谁也受不了”。

别担心孩子会误解你的意思，因为点头不表示赞同，接纳也不表示违反自己的立场。这只是代表你们听到了他说的话，也听懂了他想表达的意思。等孩子倾吐完心声、情绪较平稳后，再以温和坚定的态度与孩子商讨解决之道，比如“这件事情什么地方做得不对，现在能做什么弥补”“怎么做才能不再被处罚”“从这件事情中你学到了什么”“还有什么想法可以告诉妈妈，我们一起来想办法”等，激励孩子思考，帮助他从错误中学习成长。

下次遇到类似情况，不要急于批评和纠正，试试“停、看、听”三部曲，祝你谱写出和谐的亲子乐章。

3

提升挫折容忍力，让孩子不再“玻璃心”

朋友的孩子名叫小慈，今年五岁，很爱哭。哥哥坐了她的小椅子她就哭，找不到心爱的洋娃娃她也会哭，搭好的积木城堡倒了还是哭……每天为了各种芝麻小事要哭上好几回。

“这孩子就是经不起任何挫折，整天被她哭得心烦气躁，搞得我也变得神经兮兮的。”朋友既焦虑又无奈地说。

看着这位原本个性洒脱的朋友，不禁同情起一些和她境遇相似的妈妈来，为什么不能做个轻松愉快的妈妈呢？记得有一次在这个朋友家做客，饭后，小慈因为要求买一套漫画书，父母没有立即答应她，马上就不高兴了，跑回自己的房间里大哭起来。做母亲的几度不忍，想到房间去安慰她，却因为我在场而不好意思起身离开。过了一会儿，小慈的哭声停止了，朋友开始担心：“怎么不哭了？会不会发生什么事？”我宽慰她说：“没事的。”朋友终究还是忍不住偷偷去瞧了瞧孩子的状况。果然不出所料，小慈一看到母亲的身影又哭了起来。事后，我问朋友，“你去房间时，小慈在做什么？”她说小慈正在静静地涂填色书。

孩子是很弱小的，自身的能力和资源都比不过大人，但是他们有一件很有震慑力的武器，那就是情绪。好戏上场要有观众，如果父母给他不必要的注意，甚至被孩子的情绪要挟，反而会强化孩子的做法，让戏继续唱下去。孩子提要求被否决，只要一哭就能给自己带来好处，那为什么不哭呢？有的孩子他们不会用哭这么强烈的情绪，但父母却更难拒绝，那就是撒娇。他们会说“我做不好，爸爸妈妈帮我”。只要遇到挫折就跑去找别人帮忙，有的孩子甚至试都不试一下，直接动动嘴，家长就帮他把事情做好了，这时孩子再一句“爸爸妈妈真厉害，谢谢爸爸妈妈”，家长很无奈，摇摇头，却只能宠溺地笑笑。

我们很早就在谈论挫折教育，最近还出现了“逆商”这个说法，前些年还有家长会把孩子送去“艰苦磨炼营”之类的地方，想要锻炼孩子挫折容忍力。其实从小到大，孩子遭遇的挫折太多了，冰激凌掉地上了、饼干碎了这些大人眼中根本不算事的事情，对孩子来说就是挫折，根本不用特地去创设挫折情境。

孩子遇到挫折情绪不佳，家长要做的不是去替他解决问题，而是理解他的感受，和他一起想办法，鼓励孩子尝试解决问题。虽然家长经验阅历比孩子多，但家长不是万能的，要让孩子知道没有人是完美的，爸爸妈妈同样会遇到挫折，让孩子体会到挫折并不可怕。

没有人生来就是赢家，也没有人生来就是失败者。让孩子慢慢接受一些小风小雨的不顺心、不如意，进而在成长中学会经得起大风大浪。我们也要相信，孩子懂得如何自处。别害怕孩子哭，也别怕孩子不开心，只要他不伤害自己、不伤害他人、不毁坏财物，作为一个有血有肉的人，体验一下情绪没什么不好。回想一下，成长不都是在擦干眼泪，重新审视挫折，找到自己的应对方法之后产生的吗？

4

不做“闹钟妈妈”，让孩子自主学习责任感

“这个孩子不知道怎么搞的，老是要跟在他屁股后面催着、喊着，他才懒洋洋地行动起来。”李太太非常沮丧地说。因为从早上开始到夜晚结束，从孩子起床、吃饭、上学，到做功课、洗澡、睡觉等，无一不需要她不断地催促提醒，甚至要生气大吼才能完成。难怪李太太长期处在一种紧张的状态之下。不过遗憾的是，孩子做事情依然拖拖拉拉、慢吞吞，有时还对她的催促来个装聋作哑，充耳不闻。

其实，李太太的处境并不特殊，因为这是许多妈妈常有的困扰，只是妈妈们并不知道自己成了“闹钟妈妈”，她们给了孩子过多不必要的注意和服务，反而促成了孩子这种无法独立自主的生活习惯。“我的女儿老是说等一会儿嘛！等一下嘛！”一位爸爸苦恼地叙述他的困境。更有趣的是，这位爸爸还真的拿着闹钟追在孩子的身后，不断地提醒女儿：“现在快六点半了，赶快起床！”“现在十点了，赶快睡觉！”从早到晚，这个“闹钟爸爸”响个不停。

孩子有很多法宝，可以让父母的“闹钟”随时作响，因为孩子清楚地知道自己不需费心掌握时间，不需为自己的行为负责。也许他的内心清楚明白，或许不是那么清楚明白，无论如何，他都可以获得父母的

注意力，得到父母的关心。遗憾的是，父母并不了解孩子这种行为的目的，反而以为是孩子的生理问题，比如赖床是因为睡眠不足或看电视太晚；或怀疑孩子天生如此，比如反应慢、个性懒散等。事实上，这些都不是孩子拖拉的原因，也不能成为父母纵容孩子的理由。

为人父母，能不能停止做“闹钟”，能不能拒绝再给孩子不必要的注意力和服务？通常，父母想察觉孩子的行为目的，先得检视一下自己的内在感受。以孩子用不当的行为想获得注意力为例，父母内在的感觉往往是困惑、麻烦、讨厌等，常用的语言表达是“烦死了”之类的词句。然而，在未察觉清楚之前，父母仍旧会闹钟似的催促着，一次又一次，结果使孩子误以为自己这类行为是获得父母注意力的有力武器，久而久之，不好的行为习惯便养成了。

如果你不想再做“闹钟妈妈”，如果你期望培养独立自主、有责任感的孩子，你需要采取一些有智慧的策略和方法。

当孩子用不当的行为来获得注意力时，家长们应避免不断提醒或唠叨，一方面尽量忽视其不当的行为，不给予注意；另一方面，当孩子表现出适宜或良好的行为时，立即给予注意和鼓励，比如，“今天功课做得很快，我看到你写数学练习册的时候很用功、很认真！”“早上不需要我叫你，你自动起床，而且准时出门上学，我很高兴！”这样持续一段时间，孩子不当的行为会愈来愈少，适当的行为会愈来愈多。

同时，要使孩子能照顾自己的生活，除了上述忽视和鼓励的方法之外，妈妈们还可以让孩子面对自己行为的结果，如赖床的结果是来不及吃早餐或上学迟到，做功课拖拖拉拉的结果是晚睡而导致次日精神不足等。一位妈妈告诉我，她因为女儿的赖床而苦恼，在天天催起床的情形下，有一天她终于忍不住脾气，情绪爆发出来，生气地问女儿："我真受不了你了，如果以后你的小孩也很磨蹭，你要怎么办？"谁知她的女儿悠悠地回了她一句话："妈妈，如果我是你的话，我就不会去管她。起来晚了，上学迟到自然有校规和老师会处理，我才不操那个心呢。"这个孩子所说的正是所谓的"自然的行为结果"，还真符合现代教育的理念。

许多研究发现，不只是青少年讨厌父母的唠叨，小学阶段的儿童也不喜欢父母唠叨。他们害怕爸妈张口闭口的"想当年……"，他们受不了父母的一堆大道理。其实，即使你不刻意去教，孩子在成长中也能自然地学到一些道理，不要低估孩子的学习能力。只不过，家长们总是忍不住不说道理，而且，重要的事情不止说三遍，不厌其烦地多说几遍才安心。停止做"闹钟爸妈"吧！多说无益，放下忧虑，让孩子自主学习责任感，成长从来就不可能尽善尽美，即使过程中有一些缺失，孩子还是会成长的！

5
信守承诺能让你的孩子更自律

商场的儿童游乐区，一个爸爸催促不到五岁的儿子该回家了，儿子玩兴正浓，说：“再玩五分钟再回去嘛！”爸爸拗不过他，只好说：“好，你说的，就五分钟。”五分钟很快过去了，爸爸拿起外套想要去拉孩子，孩子边躲边说：“哪有这么快，顶多才过两分钟，都快排到我了，玩完这把再走嘛！”爸爸有些犹豫，“那好吧，最后一把啊。”儿子高兴地跑回小伙伴中间。过了十多分钟，爸爸有点生气了：“玩起来没完没了啊，你刚才怎么答应我的？你不走，我走了啊，我回家了，你自己玩吧！”说完作势要离开。儿子似乎对这种场景相当熟悉，淡定地说：“你不会丢下我的，我万一被拐走了怎么办？”

“狼来了”的故事孩子从小就知道，喊太多次，也就没用了。这正是这位爸爸的无奈。想让孩子守信用，首先要让孩子对自己承诺的事情有所了解。有的孩子对于时间的概念很模糊，五分钟到底是多久可能他都不知道，这时如果有钟表，可以指给孩子看，或者用手机上的计时器。其次要和孩子达成契约，如果孩子承诺的事情没做到，要承担什么后果。这个爸爸做了一次妥协，而后的惩罚措施又无法真的执行，所以才会对孩子束手无策。孩子先给父母一个承诺，换来暂时的安宁，而后又不去兑现，时间长了，孩子会渐渐养成不负责的态度，找借口推脱甚至编造谎言。

想要避免上述情况，家长们要以身作则，让孩子通过观察学习，来学会“说话算数”。在教育孩子的过程中，不少家长希望孩子能够按照大人的要求来做事，因此也常用一些承诺来激励孩子。如果孩子做到了，我们一定要信守承诺，因为一旦承诺未能兑现，日后再让孩子相信父母的话就难了。事实上，有时父母的承诺是真心诚恳的，比如答应孩子周末去海边玩水或看场电影，但临时却因一些重要的事情而不能成行。对于父母而言，也许不是什么大事，但对孩子来说，失信却是事关重大。更糟的是，如果父母当初承诺时只是随口说说，而后又随意违背承诺，甚至说：“看什么电影，我忙得很！”“又不是我欠你的，考试考得好，那是应该的！”这样会伤了孩子，一次又一次“说话不算数”会侵蚀孩子对家长的信任，也失去家长在孩子心中的威信，从此在孩子心里打上“不可信任”的标签。

因此，父母在承诺之初，应首先想清楚，自己做不到的事，不要轻易答应孩子，答应的则要尽力去做。当然，有时确实有困难而无法履行诺言，也要向孩子说明理由，致以歉意，并且要和孩子约定之后如何安排，比如，“真的很抱歉！我有重要的事在忙，今天没办法去看电影了，我们下星期六晚上再去，好吗？”记住，再约定的事不能再违约了，一定要确认自己真的能做到。

做信守承诺的父母是很重要的，因为孩子能够从承诺中获得安全感、信赖感，同时这种良好的示范也能促使孩子在生活中学会自律，成长为一个重信用、负责任的人。

6

巧用“设限”让孩子遵守规范

影院的荧幕上正播放着小清新的文艺片，因为不是周末，这个场次的观众并不多，有下班后的情侣，有三三两两的闺蜜，还有两对带着孩子的父母。最初的二十分钟，影片唯美的场景和慢节奏的剧情使得放映厅的气氛很温馨。

这时，前排的孩子（我们姑且称他为小A）站起身来用清脆的声音问他的父母：“电影什么时候结束啊？”他的妈妈小声告诉他要坐好不要说话。

“啊，一点都不好看，好无聊啊！”小A继续说。母亲把手机递给了孩子，让他玩游戏。显然，手机游戏对孩子是有吸引力的，不过调至静音状态的游戏对孩子来说明显不够有气氛，他只能一边玩，一边自己解说，还不时配上各种“音效”。

这一连串动静，很快引起后排另外一个小男孩小B的注意，他顺着手机屏幕的光亮跑到玩游戏的小男孩旁边。

“你在玩什么啊？”小B用同样清脆的童声问道。

“赛车啊，可好玩了，你看我可以撞它，你看你看，嘣！轰隆隆……翻车了，哈哈哈哈哈哈。”两人迅速成了好朋友，还分别做了自我介绍，叫什么，今年多大，在哪个小学上学。附近的观众纷纷侧目，小A的父母并未做出任何反应。

随着剧情的推进，男女主角的感情出现转折，冲突一触即发，观众们尽量无视那两个小孩的“游戏直播”，专注于电影。可是这时，两个孩子的游戏升级了，他们开始了在影院的“真人秀”：在座椅周围的通道追逐疯跑，跺脚，偶尔来一声毫无防备的尖叫。观众们开始议论，让孩子的父母管管孩子，不过两对父母还是漠视这一切，自顾自地看着荧幕。

前排的一位女士站起来走到两个孩子身边，蹲下来跟两个孩子说：“小朋友，电影院是公共场合，不要大声喧哗，说话要尽量小声，你们两个听见就可以了，不能干扰别人哦。”说完，女士走回自己的座位。

两个孩子稍微停了一下，“她不让我们大声说话……”“啊哈哈哈哈哈”说着，跑到了最前面，也就是荧幕的正下方，转圈，打滚儿，俨然把这里当成了新的舞台。五分钟后，另一位观众突然从座位上起身，快步走向出口，叫来了影院的工作人员。工作人员走到前面把两个孩子扶起来告诉他们地上脏，不要在地上爬，请他们回到自己的座位上，到爸爸妈妈身边去。两个孩子照办，观众们纷纷舒了一口气。然而等工作人员离开后，两个孩子疯跑，嬉闹，一切照旧。直到电影散场，未见两个孩子的任何一个父母出来制止自己孩子的行为。

没有哪个家长愿意承认自己家的小孩是“熊孩子”，有时候我们甚至认为孩子的一些不合规范的行为是率真、真性情的表现。宠爱孩子是可以理解的，但凡事应有限度，父母在允许孩子享受一定自由，鼓励孩子探索的同时，也应该约束孩子，给孩子设立一些必要的规矩。否则任由孩子予取予求，只会纵容孩子做出更多的偏差行为。民主的教育也并非无度，要让孩子从小就能够遵从规范，而后在成长中才会学习遵守校规、法律以及道德规范等。

这是一个循序渐进的过程，不可急于求成。要跟孩子解释，为什么要这样规定，为什么有些事不能做。当孩子第一次犯错时，一定要及时耐心地解释他犯了什么错，同时指出正确的替代行为。对于孩子必须遵守的规则，家长的态度要温和而坚定，父母双方要保持一致，不能看心情，心情好时和蔼宽容，心情差时吹毛求疵，那样孩子很有可能无所适从。

经常遇到父母说："如果我对孩子说'不'，他会很生气，然后发脾气，摔东西。"是的，孩子完全有可能会根据他的情绪做出反应，想让孩子们谦逊有礼地接受父母说的"不"，是不太现实的。因为就算是成年人，对于他人的否定也没那么容易接受。但是孩子需要学习把情绪和行为分开，因为生气而紧握拳头是可以的，但是因为生气去摔东西、攻击别人就不行。

我们在第四章介绍过"有限度的选择"，父母要给孩子提供明确的选择，让他们懂得在有限的范围内找到自己的平衡点，从而逐渐学会在遵守规范的前提下，享受有限的自由。比如解决孩子之间的纷争，你可以说："你们要么就安安静静地一起玩，要么就各玩各的，不要在这里打打闹闹！"又比如解决孩子在餐桌上捣蛋的问题，你可以说："你是要乖乖地在餐桌上吃饭，还是自己一个人去客厅玩？半个小时之后再吃。”注意说话时的语气要心平气和，因为声音一尖锐高昂或带有生气懊恼的情绪，就会使这说法变成警告、责怪，甚至是处罚。

这里再介绍一个“设限”的方法。设限，就是给孩子设定限制，这个限制只针对孩子的行为，而不是他们的想法或感受。限制要清楚而严格，态度要温和而坚定。设限一共分为三步：

（1）指出孩子的感受、想法：通过耐心地倾听与观察，将孩子的感受、想法尽量贴切地讲出来，你可以根据孩子的反应来调整用词。

（2）阐明限制：告诉孩子他现在的行为违反了哪条“规矩”，这个时候即使你很生气，也请务必心平气和地把限制讲清楚。

（3）提供替代方案：为孩子提供另一个选择，告诉他此时此刻一个合乎规范的行为是什么。

我们来看一个例子：

儿子正聚精会神地盯着电脑屏幕，奋力地点击鼠标，敲着键盘。墙上的时钟显示21：50，妈妈走过来说：“快别玩了，早点睡，明天还上学呢。”

儿子心不在焉地答应了一声，并没有退出游戏。

过了五分钟，妈妈冲到电脑前：“跟你说话没听见啊，你看看都几点了？”

“知道了，知道了，玩完这局。”儿子不耐烦了。

“怎么跟妈妈说话呢？我说话没用是不是，你再不关电脑我直接关电源了！”妈妈怒气冲冲地吼道。

当然，最后这位妈妈还是达到了目的，只是母子俩都气呼呼地睡觉去了，第二天早上，两人还都带着情绪。

同样的情况如果灵活运用设限的方法，孩子往往更容易接受。当然，父母别奢望孩子会兴高采烈地接受约束，只要他做出符合规范的行为，就值得肯定。在上面的例子中，除了批评孩子，关电源，这位妈妈还可以这样说：

我知道你很喜欢玩这个游戏，不想结束。（指出孩子的感受、想法）

可是时间到了，我们约定好的，每天玩半个小时，要准时结束。（阐明限制）

你要记得存档，明天的游戏时间再继续玩。（提供替代方案）

建议父母在说之前，先停顿一下，做三到五个长而慢的深呼吸，再平静地说出口。保持坚定的态度，并采取行动，说到做到，孩子自然能学会遵守你的规范。

7

先了解孩子的真正需求再给予恰当关心

我们的内心都有对孩子深沉的爱，但表现在行动上，有的人是抱得紧紧的，有的人则是放开手。

一位母亲跟我谈起她的孩子——一个小学四年级的小男生。她说，这个孩子动作反应一向缓慢，小的时候觉得笨笨的，还挺可爱，但上了小学在体育课上进行跳绳、足球、乒乓球等运动时，常遭到同学的嘲笑和捉弄。

从这位妈妈的口中了解到，这个孩子是家中的长子，深受长辈们的宠爱，尤其是他的祖母。这孩子小时候学爬行那会儿，他的祖母因为心疼他娇嫩的手肘、膝盖磨得疼痛，所以不忍心让他在地上爬，便经常将他抱在怀中。谁知这种过度的疼爱，却剥夺了孩子自然学习的机会，造成了孩子运动感和平衡感的不足。后来她妈妈还特别把他送去进行感觉统合的专项训练，目前这个孩子已经有了很大的进步。

人类的成长有其一定的规律，经过漫长岁月的进化，人体精密而复杂。有许多身心上的发展不是你能逆转或跳过的，否则就会出现与这个孩子类似的问题。孩子出生第一年中最为引人注目的变化就是在控制自身运动和动作技能方面的巨大进步。孩子通过动作来探索世界、认识世界。即使孩子把图画书撕烂、弄乱手纸、打翻牛奶，多数家长仍会为孩子不断出现的动作技能感到欣喜。而不断出现的动作技能也有助于孩子感知能力、认知能力以及社会性的发展。现在的父母关爱孩子胜过往昔，但千万不要随意剥夺孩子的学习机会。除了上述生理上的发展问题外，父母还必须重视孩子心理发展的学习机会。

我曾经看到，临近一家培训班下课，有位妈妈在帮孩子系鞋带、穿外套，虽然她显得很有爱心和耐性，孩子也很安静规矩。但同样地，这种情形也剥夺了培养孩子自理能力的机会，持续下去可能造成孩子独立自主个性的缺失。

如果你爱孩子的方式是“抱得紧紧的”，请逐渐试着给孩子学习的时间和空间，让孩子从他必须学会的生活开始。爱他，就多给他学习成长的机会。

这是另一位高中女孩写给她父母的一段心声：

> 谢谢你们给了我民主的教育、适时的关注，和别人比起来，我也许是那种很令人羡慕的有自主空间的孩子。遇到事情你们总是信任我，认为我有能力去处理，确实，我从小就是所谓的“小大人”，不让你们操心，不给你们添乱。但有时候我却感觉这中间似乎少了一种亲密感，我渴望得到一些有温度的鼓励，想听到多一些的叮嘱、多一些的关心、多一些的引导，我想那会让我人生的道路走得更好、更稳。

不知你的感想怎样？也许你会觉得奇怪，怎么会有孩子嫌自由民主太多，而希望得到父母的唠叨、督促？

一位家长的反应是：“太难了吧！管太多嫌烦，不管又说不关心，我哪知道他们到底要什么？”看样子，父母还真是处于两难的困境中。什么程度才是适度的？怎么做才不会“过”或“不及”？

我想在探讨这个问题之前，应该先问个问题，就是：回到孩子本身，想一想，什么是他需要的？别再傻傻地做类似“郑人买履”的事情，遇到问题宁可去查书本或者上网提问，也不去和孩子沟通。需要注意的是，孩子的需要会因各人不同的年龄、个性、碰到的情境而有所改变。比如说，个性比较主动自觉的孩子，不需要常叮咛，他可能希望得到的是不固定次数或不定时的鼓励和关心；而个性较被动懒散的孩子，不停地唠叨没有效，他可能需要的是偶尔的放手，加上固定次数或定时的赞许和肯定。有时，即使个性相似的孩子，需求也会不同。因此，也无怪乎父母伤脑筋了。

其实，了解孩子的需求并不难，回想一下自己是否也有因时空不同，心境也不同的情形。如果答案是肯定的，那么你也许就较能以同理心去接纳孩子的不同需求。这是第一步。之后，回想一下自己的需要是如何让别人知道的，如果过程正确，你就能较有体会地去倾听孩子的心声。不要认为孩子小，不懂这些，只要你肯耐心地引导，再小的孩子都会用自己的方式告诉你他的需求。只要你愿意去了解，孩子也能在这一过程中学习沟通之道。

最后，你甚至会惊讶地发现，读了那么多育儿经，最后反而是孩子教了你许多教育良策呢！

8

让孩子参与家事好处多

每个家庭都有大大小小的烦琐家务，如扫地、洗碗筷、倒垃圾等，需要全家人分工合作、共同参与。然而，有一些所谓的“好妈妈型”的家庭主妇，全部家务一手包办，使孩子连一点儿学习做家务的机会也没有，不仅妨碍了孩子自理能力的发展，也剥夺了他们对家庭做贡献、获得成就感的机会。

不少父母认为爱孩子就是替他打理好生活的一切，不让他分担任何的劳动，即使是他生活上自己该做的事，比如叠被子、整理书桌或检查上课用品是否带齐等。理由无他，通常是过分宠爱孩子之故。这种不让孩子负责自己事务的做法，只能得到父母为孩子收拾残局，自己负担超载的结果。

培养孩子的责任感，最好从小做起，帮助孩子对家存有一种认同感。如果孩子渐渐长大，从未有过做家务的经验，这时要想训练他，自然不那么容易。随着“留学热”出现低龄化趋势，不少送孩子出国读书的家长，除了担心孩子的外语能力，另外一个就是孩子自理能力。到了国外，所有问题都要自己解决，包括各种生活琐事，还需要独立面对陌生的环境、文化冲突等。就算家长跟去陪读，替孩子搞定一切，也只是解决了一时的问题，孩子还是无法学习自立。

想要培养孩子发展自理能力，首先，父母得有耐性，容许孩子有较长的时间去尝试，进而鼓励他练习。其次，以邀请的态度和方式，赢得孩子的合作，让他在做家务中肯定自己的能力，感到自己长大了，有能力为父母分担工作，管理自己的生活。比如，可以这样邀请孩子："祺祺，我正忙着做饭，我需要你的帮忙。"或者是"等一下有客人来，能不能请你帮我收拾一下客厅的报纸？谢谢你！"别忘了，刚开始时不要让他做太多事，简单的一两件即可，并且不管他做得如何，一定要挑好的地方表达感激和欣赏，这样孩子才能从"成功的经验"中产生兴趣和信心。

如果孩子拒绝帮忙，可能意味着父母尚未与孩子建立良好的关系，此时不可苛求孩子，要有耐心地着手改善亲子关系。此外，有关孩子生活中自行负责的事务，则宜多放手让孩子处理。例如，让孩子拥有自己的房间，由孩子决定房间的布置，不要管它整齐或脏乱。如果看不惯，让孩子进出时随手关门，不必烦心，只要告诉孩子，有要换洗的衣服请放在定点的洗衣篮内，因为父母有权利不踏进脏乱的房间。

道理很简单，孩子既拥有自己的权利，也拥有自己的责任。如果他不整理自己的房间，他就必须尝到房间气味不好、找不到自己的东西等后果，如此会让孩子懂得反省和改进。然而，父母可以答应在彼此同意的时间里，帮孩子一起整理房间，这种时机通常发生在他有同学来家中或找不到东西时。

我个人不赞成以零用钱作为例行家务和孩子做自己生活事务的奖

励。只有在例行家务之外，如帮妈妈到杂货店买东西、帮爸爸擦鞋或洗车等非经常性的事务，可以给孩子一些报酬。这不是交换条件，而是让孩子明了什么是家中成员应承担的义务，什么是可以赚取零用钱的事务，使孩子尊重劳动，珍惜财物。

9

正面表达让你找回亲子之爱

在一次家长读书会上，我们阅读了《心灵舞台》这本书。在讨论的时候，一位妈妈谈到她和读高中的大儿子之间的冲突。当时，我们运用了心理剧的呈现方式，邀请她和其他两位妈妈来演出，把亲子间的一次冲突搬到现场。

时间是某天晚上，地点在家里的餐桌旁，情景是母子三人共进晚餐。在进餐时，母亲看着大儿子，首先发难："你今天怎么这么晚才回来？为什么穿着别人的外套？你的衣服呢？"

大儿子头也不抬，边吃边回嘴："去打球了。我喜欢和同学交换衣服穿。我们都这样。"

母亲更生气了："什么叫你们都这样？你穿的这是什么啊，我就是不喜欢你这样，自己又不是没有衣服……"场面变得很僵，母亲顿了一下，忍住气，无奈地说："我不知道为什么对你弟弟和别人都能好好的，对你就不能。"

小儿子偷看了妈妈一眼，静静地吃着饭。

大儿子生气地反击了："你的意思是问题在我？我也不知道怎么搞的，我对别人也都是好好的，对你才这样。"这下饭吃不成了，母子间升起浓浓的敌意，相互对立，僵持不下。剧情继续演下去，母亲的眼泪流下来。因为，母亲发现自己内心有许多的担忧，比如担心孩子的功课退步、担心孩子交了坏朋友，自己却无能为力。她还发现自己从未将这些想法坦率地表达出来，原本是关心孩子，结果却以一些挑剔、批评、责怪等负面言语说出来，灼伤了母子间的亲情，阻碍了坦诚的沟通。

另一位妈妈也很有共鸣，她说她和女儿对话也总喜欢加否定的词，比如明明是想询问，却总不自觉地说“你没写作业啊？”“你今天不练琴了啊？”一开始女儿会提高声音反驳她，后来女儿看都不看她就直接应付“嗯”“没有”“不练”，然后她会说一堆，女儿也不吭声，转身回自己房间把门“砰”的一声关上。

在许多的家庭剧场中，这种由关心转为怨恨的情节不断上演。探究其原因，是爱的想法和情绪没有被适当地表达，背后的期待也未曾言明。

“是”是一个世界，所有的其他世界，都住在“是”的世界中。对于孩子而言，被肯定、被接纳是他心灵健康成长不可或缺的养分，有了这些，他才愿意去尝试、去挑战。在这出心理剧的结尾，这位母亲决定提醒自己改变，并且采取行动给予孩子爱的正面表达，努力把亲子之爱找回来。

Chapter

7

用平常心鼓励孩子：将孩子的“苦读”转变为“乐学”

没有哪个父母不关心孩子的学习，不过在关注孩子学习的同时，应力图避免给孩子施加过度的学习压力。因为这会让孩子陷入“苦读”情绪，影响学习。此外还要与老师通力合作，给孩子创造一个轻松、愉悦的学习环境，让孩子快乐学习。

1

成绩虽重要，但远比不上你重要

2016年高考语文全国卷有这样一道看图作文题，四幅图，第一组两幅图是一个孩子考了100分，家长给了一个吻，一个孩子考了59分，家长给了一巴掌；第二组两幅图是考了100分的孩子考了98分，家长给了一巴掌，而考了59分的孩子升到61分，家长给了一个吻。

每学期的家长会，小小的教室都浓缩了人间百态。孩子成绩考得好的家长，不仅脸上有光，腰板溜直，有的还会得意扬扬地跟别的家长分享心得；而孩子成绩不好的家长，眉头紧锁，脸色尴尬，生怕别人问起孩子考得怎么样。听到别人议论，暗下决心回去一定严格管教。

在许多场合，每当我与低年级孩子的父母讨论到孩子的成绩和分数时，很多父母都纷纷表示“自己并没有多在意”“差不多就行”或者“尽力就够了，没太高要求”。果真如此吗？听听孩子们的心声：

老是说考试完才能玩，你们以前也是这么说的，结果课余时间还不是被你们安排得满满的……

不要认为功课好的同学，其他方面也一定很好，我成绩不好，就一无是处。

不要拿分数的高低来衡量我有没有努力，有时候没怎么复习，考得也挺好。

我用功了，但是成绩总有起起落落嘛，怎么能要求我每次都进步？

爸妈，我希望你们不要太看重我的成绩，尤其是我考得差的时候。你们表面说不在乎，心里却明明很在意，这种情形会让我心里很难受。

上面这些，来自一所学校辅导室征集到的“我想对父母说”活动的心情纸条，与以上这些心声类似的内容还有许多。

重视孩子的表现乃人之常情，父母的这种关心也没有不对。但是无论我们在不在意孩子的成绩，首先都要诚实坦然地面对自己的期望。孩子是天生的观察家，除非你是个好演员，否则不要在孩子面前口是心非。然后再停下来想一想，我们真正期望孩子将来成为怎样的一个人？想想看，自己上小学的时候，某次期末考试的成绩对今天的你，有多大影响呢？当人生进入到告别纸笔考试的阶段，你希望孩子靠哪些能力、品质立足呢？如果家长把成绩看得高于一切，孩子为了避免被责骂有可能还会通过作弊等手段敷衍、欺瞒家长。

考试成绩反映的是孩子对目标知识、能力的掌握程度，我们可以把它看成一个检测报告，家长要做的不是指责，而是和孩子一同来分析可能的原因，如果确实是知识掌握不牢，根据失分的地方总结知识缺陷，查缺补漏，补上了就好。如果是其他原因，比如粗心、紧张、时间安排不合理等，也可以有的放矢地和孩子商讨解决方法。

无论你看重什么，成绩也好，能力也好，在孩子达不到你的要求时，听听孩子的心声，别让孩子以为“父母只在意我的成绩，爱分数，不爱我”或者“爸妈只爱表现好的我，一旦我表现不好，我就失去了他们的爱，也就没什么价值了”。试想，一个心怀怨恨、又急又怕或满心失落的孩子，对学习怎么爱得起来呢？

与成绩相比，孩子的成长要重要得多。

附：

“餐桌压力”or“亲情时光”？

当今父母普遍工作较忙，平日和孩子相处的时间有限，于是晚饭时间成了大部分家庭沟通的主要时刻。每到这时候，超过半数的家长便开始询问孩子在学校的表现、成绩、功课情况，颇有“业务检查”的架势，弄得孩子一副苦瓜脸，整个晚餐笼罩在一种不愉快的紧张气氛中。这很可能形成孩子的“餐桌压力”，这种心理压力会让孩子“吃不消”，不仅影响消化功能，还很容易形成不良的条件反射，使孩子对吃饭产生一种习惯性恐慌，一到吃饭时精神就紧张。久而久之，孩子甚至会厌恶吃饭，厌恶与家长沟通。

餐桌不该成为“说教阵地”，让孩子学会遵守就餐礼仪、学会接待客人、享受美食本身、享受与家人在一起的温馨快乐时光，显然都是更重要的事情。因此，我建议家长们尽量在餐桌上说些轻松愉悦的话题，比如问问孩子今天有什么开心有趣的事情、课间玩了哪些游戏、跟同学做了哪些事等，耐心地倾听孩子，了解孩子的感受，分享他在学校的快乐。

餐桌本是家庭互相交流，促进亲子关系更融洽的平台，而绝非父母指责孩子学习、功课的平台。家人围坐在一起，找些有意思的话题，聊聊天，彼此关心，聊好玩的事情，比教训、讲大道理，要有用得多。这个时间是属于家人彼此的时间，所以要求孩子不能乱跑，也不能玩玩具、看小说，家长也不要把手机带到餐桌上。孩子渐渐长大，面对的压力也越来越多，请给孩子一个“亲情时光”，而不是多一个“餐桌压力”。

2 到底要不要陪孩子做作业

晚餐过后，张女士照例切好水果送到女儿房间，坐下来陪五年级的女儿做作业。

“琦琦，今天作业挺多，你得抓紧时间做啊，九点半之前必须上床睡觉，不然睡眠时间就不够了。”

“嗯，妈妈我先做别的，数学应用题好难，我不会，等会儿你给我讲讲吧。”

“老师没讲过吗？你先写英语，把题给我看看。”张女士心里一沉，女儿的数学成绩越来越差了，这么下去可不行。张女士看了一会儿女儿的数学作业，有些题说实话自己也没头绪，上网搜了一下，大致理清了解题思路，放下习题册，看女儿写英语作文。

“哎，琦琦，这个单词昨天不是背过了吗，怎么又拼错了?中间是e不是a!”琦琦默默地把单词划掉重新写了一个。

“你认真点儿写啊，别总写错，这要是考试即使你单词都对，卷面不整洁也是要扣分的。”桌上的时钟显示21：05，只剩数学作业了。

“妈妈，这我不会做，你给我讲讲这几道题吧。”

张女士无奈地看了一眼时钟，开始给琦琦讲题，琦琦边听边点头，把答案写在了习题册上。然后在妈妈的催促下洗漱，上床，刚好九点半，张女士这才如释重负。

这样的“陪读”从琦琦小学一年级就开始了，张女士的初衷很简单，孩子小，学习这件事肯定是需要家长督促的，陪孩子做作业，万一孩子有不会的还能随时指导。可是这样一陪就是五年，想想明年琦琦就上初中了，作业只会越来越多，张女士也渐渐感到力不从心。

要不要陪孩子做作业是每个家长都会遇到的问题，许多家长常有这样的经历：当父母陪在孩子身边时，孩子能老老实实地坐在书桌前做作业；如果父母在客厅看电视或做其他事，孩子做作业就会开小差，心不在焉，磨磨蹭蹭很久。父母一定要陪伴、监督孩子做作业吗？

一部分家长认为当然要陪！孩子这么小，自我控制力差，不陪哪知道他是在写作业还是在干别的？况且现在老师布置的很多作业都要家长和孩子一起完成，还要求家长签字。而且有时看孩子一个人埋在作业堆里还蛮可怜的。另一部分家长坚信不能陪！陪孩子做作业会使孩子养成学习依赖性。小学还好，到了初中高中，科目那么多，家长哪有那么多精力？家长帮得了一时，帮不了一世。学习终究是孩子自己的事。

凡事没有绝对，此刻有用的方法也许下一刻就不管用了，模范父母的方法放到自己孩子身上可能不仅没用反而更糟。孩子刚上学的时候，家长的确需要多投入一些精力，帮助孩子养成良好的学习习惯，及时了解孩子的学习接受程度和兴趣发展，以便更好地培养孩子。毕竟学校老师无法照顾到每个孩子。父母如果能及时发现问题，起到辅导的作用，对培养孩子学习上的信心会起到很好的促进作用。

这个陪伴的阶段，家长要注意几个问题：首先，不要给孩子一种被监视的感觉。陪孩子写作业不是说你眼巴巴地监督孩子写作业，你可以在孩子身边安静地做你自己的事情，但不要玩手机，看娱乐杂志。其次，不要打断孩子的思维，在一旁不停指出孩子的错误，一味忽略孩子好的表现，孩子听到的都是负面评价，会慢慢对学习失去信心。第三，父母在辅导孩子的过程中，要注意自己的情绪，遇到难题不会做，父母比孩子还着急，看见孩子一再做错，父母火气就上来了，这不但对孩子学习毫无帮助，对亲子关系更是一种伤害。第四，别把孩子的责任背在自己身上。学习是孩子必须的事，是一种责任，是自己的事，别人帮不了，就像父母要赚钱养家一样。所以如果作业没做完没做好，那是孩子自己的事，他必须自己承担责任，而不是把责任推给父母。

孩子始终是学习的主体，打好以上所说的基础，接下来父母就要渐渐淡出，培养孩子独立思考的习惯，遇到难题与老师、同学多多交流讨论。这并不意味着家长撒手不管，如孩子需要，陪孩子完成实践性的作业，在一起探讨、交流、合作，也是很有意义的亲子时间。

3

用平常心伴孩子度过重要时期

每到凤凰花开的季节，有的孩子面临中考、高考，有的孩子即将步入社会参加工作，当然也有的孩子正迎来悠长的暑假。中考和高考都是孩子在求知路上的重要关卡，高考更是有种“十年苦读只为今朝”的架势，此时孩子需要的是父母“平常心”的关怀和支持，而不是夸张的食补和焦虑的眼神。

毕业求职是人生历程上的另一个起点，孩子需要的是父母“平常心”的经验提供和协助，而不是过多的教导和紧张的心情。

放暑假对孩子而言是一件快乐的事，但对于父母来说，却是很费神的两个月。有的父母苦于孩子假期无人照料，在家怕孩子看电视打游戏，作息不规律，出去玩担心孩子的安全问题，也怕孩子交到坏朋友；有的父母忙着给孩子安排一些夏令营或者参访活动拓展孩子视野；有的父母送孩子到各种补习班，希望利用假期给孩子搞个集训，实现下学期的“逆袭”……完成了整个学期的学习任务，经历了紧张的期末考试，这时孩子需要的是父母“平常心”的关爱和尊重他们意见的规划，而不是接二连三的指令和忧心忡忡的面容。问题在于，家长们也不是不想让孩子玩，而是怎么能够劳逸结合，让孩子度过一个充实的假期。

无论是何种情况，父母都需要用平常心给孩子一些鼓励。平常心做起来并没有你想的那么难，没有过高的期望和忧虑就是第一步。不用整天想着“别人家的孩子都在学，只有我的孩子在玩”，张弛有度的孩子更有后劲儿，与其每天督促，不如把重点放在那个“度”上。第二步是体会孩子的想法和感受，倾听孩子的心声，看看孩子对这个假期有什么想法，他自己有哪些目标，别担心孩子脑子里只想着玩，给孩子足够的尊重，你会发现他们对自己都是有要求的。你可以帮助孩子设定大方向，比如生活技能方面有什么目标（烤小饼干、组装电路）、兴趣特长方面的目标（学会歌曲的弹唱、完成三幅风景写生）、拓展视野上的目标（参观博物馆、去图书馆听讲座、读完某本书）、学习上的目标（整理考试错题、完成作业、每天读英文）等。第三步是肯定孩子的成长和进步，放手让孩子做一些决定和计划。有了假期的总体目标，你可以和孩子讨论如何细化目标，允许孩子用他自己的方式去实践，每周留出固定的时间和孩子回顾目标完成的进度，以及改进方法。

这个过程中，尊重、关心、鼓励时时刻刻贯穿其间。也许你会说你不知道怎么做，那么不妨想一想，从小到大，别人用什么样的说话方式能让你听起来最舒服，做起事来最有信心。那样做就对了！请给孩子同样的关爱吧！

同时别忘了，父母也要多给自己一些鼓励，因为你不能给孩子自己没有的东西，信心、勇气、耐心……都包括在内。

附：

帮孩子慎选夏令营活动

每到孩子放暑假的日子，媒体上总会出现许许多多儿童夏令营的信息。营队的类型纷繁多样，如音乐科学营、电脑营、野外欢乐营、生活教育营等。孩子的活动内容可以说是五花八门。对父母和孩子而言，这种情形可以说是既喜且忧，喜的是许多有心的机构和人士提供多样化的活动选择，忧的是选择多了反而不知如何选择。

为孩子选择夏令营，当然要尊重孩子参加的意愿，以及他感兴趣的营队内容。然而，大多数的孩子并没有太多的意见，只要有欢乐的时光去尽情地玩即可。此时，孩子的夏令营得靠父母费心选择了。

首先，父母要弄清楚主办单位的性质，尤其是他们举办活动的内容是否有教育意义。有些单位主办的夏令营活动的参加费用虽便宜，但食宿不好，安全堪忧，而且也没有什么教育的内容，这种夏令营再便宜也不要草率地让孩子参加。

其次，了解营队的活动内容和作息表，还可进一步询问每个活动的目的。有的营队活动名称动人，可一问到具体的活动内容，主办单位却说不出所以然或说出来的内容空洞无物。同时，必须要问的是，每次收多少人？有多少辅导人员？这一点很重要。因为一个辅导人员带二三十个孩子跟一个辅导员带五六个孩子，其活动上的安全照顾和教育品质会有天壤之别。

此外，交通问题、保险问题、服务人员的背景等都需要了解。如果营队能够提供一些生活记录及辅导员的观察报告，就更为理想。总而言之，举办单位和工作人员是否细心安排，父母在为孩子报名之前都可以提出问题，并力求得到清楚的答案。举办夏令营不难，但夏令营的专业化和教育性则不是那么容易辨别的，这些父母都得再三询问和思考。

4 正确运用教育理论来教育孩子

我们先来思考几个问题：今天的中国家庭，缺少教育理念吗？对孩子要理解、尊重、接纳，遇到问题要好好沟通，不能用暴力解决……随口问问身边的家长，大都说得头头是道。那么难道是缺少教育方法吗？各类亲子节目火爆荧屏，家教书籍、亲子教育资讯更是让人目不暇接。我相信此刻正在读书的你，也一定关注了不少家庭教育类的公众号，或者是在其他的手机应用上订阅了有关家庭教育的专栏，要说起教育理论，哈佛妈妈怎么育儿，剑桥爸爸怎么给孩子做榜样，德国人怎么培养孩子意志力……不少家长都能说出个大概。很多标题和文案让人看得热血沸腾，然而回到生活中，热血往往凉掉一大半，问题永远比方法要多。

那么问题出在哪儿呢？

正如有人读了那么多成功学的书，还是没能成就一番大事业；有的父母读了那么多教子良方，面对状况百出的孩子仍感到力不从心。一旦孩子出现问题，自己的方法不管用了，就想学几个立竿见影的招式，迅速搞定孩子。父母的心情可以理解，目标导向的解决策略当然也不能说有错，可是重塑造、轻培养，重灌输、轻启发的结果往往事与愿违。

每当谈到有关教育子女的问题时，总有人会对一些教育理念、原则或方法产生怀疑，他们最多的疑问是："理论是理论，和实际总是有段距离，放到我家孩子身上就不这样。"这类疑问争的不是理论对错的问题，因为他们也认可道理不错，他们质疑的是这些理论用起来是否行得通。

理论真是这样子吗？只能听不能用？只是象牙塔里的学者创造出来的吗？答案是否定的。理论的建立来自实际的观察、实验和研究，它是通过总结日常生活中的现象而得来的，理论不能与现实脱节。令我担心的是，如果我们一直存有"理论是理论，实际是实际"的误解，那么我们接纳新知、我们的成长和进步就会受到阻碍，因为我们始终停留在"听归听，做归做"的地步。就像古时候的武功秘籍，招式总要与心法相配。

学习教育孩子的知识固然是必要的，单单依靠这类知识却远远不够，每个孩子都是一本独一无二的书，这本书你必须要读。只有先懂孩子，才能知道该用什么方法教，实施的教育才会有效。在教育上，单凭理论、方法的力量是有限的，家长在教育孩子问题上真正欠缺的不是方法，是父母的教育状态。以开放的胸怀、实验的态度，有勇气地认识理论，有信心地根据理论去实践，在"做"中学，在"做"中建立信心，我们的教养能力就会稳步提升，不仅帮助自己成长，也能帮助孩子成长。

5

与老师建立通力合作的伙伴关系

除去睡觉时间，孩子在学校的时间远远多于在家的时间，学校老师对孩子的影响非常大，家长与学校配合得越好，教育会发挥更大的作用。孩子开始上学的第一年，对于孩子本身和父母而言都是一种挑战。孩子要学习在教室里的各项规范，父母要学习如何与孩子的老师进行沟通。

家庭和学校是孩子成长的两大支柱，如果二者能分工合作，将带给孩子莫大的安全感，进而学有所得。因此，家长应致力于与老师建立一种有效的伙伴关系。也许在孩子入学的前后，你会听说“某某老师很凶”“某某老师很难沟通”“某某老师才工作没多久，没什么经验，管不住孩子”等，这对于家长与老师之间的合作关系毫无助益，因为先入为主的成见已在二者关系建立中预设了障碍。

事实上，我们都知道一位严肃的老师也可能是教学认真的好老师，而且父母只要以真诚的心去与老师沟通，相信大多数的老师都愿与你携手合作。更重要的是，孩子在求学的过程中，会不断地面对不同个性的老师，这能让孩子在成长中学习到与各种不同的人相处的方式，促进人际交往能力的发展。

与老师沟通，家长自身的定位很重要，不要以消费者的心态去和老师沟通。有家长认为，学校是专门教育人的场所，它有专门的场地、设施、课程等，还有懂教育的老师。因此，只要把孩子送到学校，孩子听老师的话好好学习，就能成才。送孩子到学校，交了学费，购买了教育服务，没有达到预期自然要去讨说法，殊不知教育和服务业可不一样，别像“甩手掌柜”一样，把孩子的问题丢给老师，然后就不闻不问了。

有的家长对孩子的教育格外重视，对有关教育的负面新闻格外敏感，常把自己对一些偶发的社会事件或者行业普遍问题的看法，带到自己孩子的老师身上。除了家人，世界上最想让病人康复的人是大夫，最想让孩子优秀的人是老师。不要指责老师，试图教老师怎么做。学校教育不可能面面俱到，如果有缺失的地方，作为孩子第一任老师的你，也完全有能力补得上。

寻求与老师合作，最佳的方式是以尊重的态度去请教，不为孩子的错误找借口。举例而言，父母与其说：“你给孩子布置太多的家庭作业。”不如说：“孩子在家写作业常做不完，我不知道是什么原因，想请教一下老师，怎么来帮助这孩子？”又如，与其说：“我觉得孩子综合素质分数不应该这么低！”不如说：“我不知道这个分数的评分标准是什么样的，与我们做家长的观察到的有点不一样……我们以后应该往哪个方向努力呢？”诸如这种没有敌意的、就事论事的真诚沟通，解决导向的处理问题，会促进家长与老师的合作。

在教育过程中，理想的状态是学校教育和家庭教育能够配合默契，保持一致，否则就会使孩子无所适从。家长应该信任老师，主动配合学校以及老师的规定。有的家长对学校的某些规定不以为然，甚至默许孩子违反规定，这会给老师的管理工作带来麻烦。例如，在学校的品德教育中，老师希望孩子团结同学，与同学和睦相处，不打人不骂人，遇到冲突摩擦要想积极的方法解决。而有些家长却不以为然，教育自己的孩子“绝不能认怂，他打你一拳，你就还他两拳，实在打不赢再告诉老师”。老师的教育与家长的教育使孩子站在了选择的岔路上，“老师说得有道理，家长说的也是为我好，我该听谁的呢？”类似的事情多了，有的学生就会说一套做一套，或者在父母老师面前表现得判若两人。对于家长来说，你需要面对的只是自家孩子，但对于老师、学校来讲就是面对成百上千的学生，有些看上去奇葩的规定，往往是出于保护大部分学生安全、营造良好的学习氛围的目的而制订的。如果确实不合理，父母可以通过家长委员会或校长信箱等方式与校方沟通。

不管父母教育程度如何，不要拿自己过去的经验来批评或论断老师的作为，除了时空环境不一样之外，重要的是，父母与老师、老师与学生之间都存在着不同的互动关系，孩子需要学习，父母也需要学习。

6

提升沟通质量，增进家校关系

老师最怕两类家长：一类是从不来学校，对于孩子的事不闻不问的家长；另一类是三天两头来学校，为一点点小事来找老师理论的家长。除了上述两类之外，多数家长处于两者之间。怎样才能找到平衡点呢？这似乎成为家长不易把握的难点。人际沟通本就是一门大学问，更何况对象是有关孩子教育这么个“大事业”的合伙人，父母在和老师的沟通中更要用心。

常听到老师说，家长很难沟通。也常听到父母说，老师很难沟通。如果双方只是停留在彼此抱怨的阶段，而不去思考沟通之道，很难搭起沟通的桥梁。老师如何与家长沟通的问题，我在给老师们讲座或培训时讨论过许多。此刻仅从家长的角度出发，探讨与老师沟通的态度与技巧。父母不妨来做一个测验，这里有十个问题，每个问题只需回答“是”或“否”，记下你回答“是”的次数即可。

（1）每一个新的学年，你是否主动去拜访孩子的老师？

（2）你是否以请教专家的态度去拜访老师？

（3）你是否提供了一些老师想了解的孩子在家中的生活资料？

（4）你是否接纳老师的一些想法和感受？

（5）你是否同理老师的一些困难，包括牢骚？

（6）你是否对老师的一些做法表示支持？

（7）你是否很少打断老师的话？

（8）你是否专注地听老师的叙述？

（9）你是否相信老师的专业能力？

（10）你是否在谈话结束前感受到老师的辛劳？

以上十道题中，如果你回答“是”的占七个以上，相信你和老师的沟通已有了一个很好的开始。如果你回答“是”的在四至六个，你和老师的沟通似乎有点问题，回头看一看答“否”的题目，想一想其中的原因，进而改进并加强与老师的沟通。如果你回答“是”的在三个以下，我想你得花更多的时间诚实地面对自己：是放不下架子？是自认为懂得比老师多？是防卫心太强？还是从来没有和老师沟通的经验？想清楚，也许你就会知道该怎么做了。

也许你曾拜访过老师，和老师商讨过孩子在家中或学校生活中出现的问题，但仍觉得彼此联系不足或沟通不佳，那可能是因为沟通方式存在问题，或是你需要多参与、了解学校的活动。以下提供一些原则供父母参考：

除了拜访老师与之沟通之外，打电话与老师联系也是好办法，但是别频繁地打，否则会对老师的生活造成过多干扰。无论采取何种方式，别忘了多给老师一些支持和肯定，即使有一些意见，也得把“批评夹在赞美之间”。例如，“××老师，不好意思打扰你，我是××学生的家长，我常听到孩子回到家，说他在学校里发生……（把事情长话短说），我想这问题得请教你，看我们做家长的应该如何配合。”在沟通时，父母要耐心倾听老师的说明。在沟通中，父母也别忘了前文小测验中提及的一些正面沟通的要领。

有时，孩子回家会说一些可能引起误会或冲突的话，孩子也许无意说谎，只是可能表达不够清楚（这是由于孩子的认知和语言能力正在发展的缘故），或者只说有利于自己的一面之词（无须责怪孩子，人之常情）。请先不要急，即使事情听起来很严重，因为冲动只会误事。你可以先打电话或拜访老师，把事情了解清楚。其实，大多数事情在证实之后，通常都是一些小事，你确实不必过分在意。

如果想更有效地增进与老师的沟通，你应抽空多参与学校举办的各项活动，如亲子教育讲座、父母成长团体、读书会、教学成果展览、运动会、游园会等。若有更多的心力，家长们还可以主动协助学校推动教育工作，如许多学校有爱心妈妈、导护爸爸等，这不仅能和老师保持良好的沟通，而且对孩子的教育和学习都有深远的意义和很好的效果。

7 收起玩心，帮孩子快速适应学校生活

过惯了优哉游哉的假期，开学第一周，总有不少孩子出现情绪低落，头痛胃痛，失眠厌食等状况，这就是传说中和周一恐惧症、假日综合征齐名的“开学恐惧症”。每当生活环境和节奏发生变化时，一些人就会出现适应不良的问题，有些孩子更加敏感。所以，家长们要提前做好准备，帮助孩子顺利度过。

某次演讲，一位父亲问了我这样一个问题：“孩子每到暑假便玩疯了，早上不起，晚上不睡。到了开学老是收不起玩心，要好长一段时间才能重新适应学校生活，有时甚至要大人在一旁盯着、骂着，才慢慢进入状态。有没有可以帮助孩子早点把心思放在功课上的方法？”这是一个很好的问题，也确实是困扰了许多家长的一个比较普遍的问题。

现在的父母既要在寒暑假前费尽心思地为孩子安排丰富充实、多彩多姿的假期生活，又要伤透脑筋地在开学前帮助孩子收起玩心、恢复平常的正规作息，真可谓父母难为！无怪乎一位母亲抱怨说：“早知道就不送他去参加游学夏令营了，现在心都收不回来！”

我想这并不是好办法，假期本来就是一段供孩子休整、实践的时

光，更何况即使不安排孩子的活动，也阻挡不了孩子的玩心，反而让他玩得更没有目的和价值。因此，父母需要知道的是如何帮助孩子收心。

记得我在服兵役的入伍训练期间，训练中心的执勤排长和班长总喜欢在新兵放假回来的当晚，在晚上点名前后来一个收心操。所谓“收心操”，不外乎喊口令做动作，或者变点花样，比如喊一是向右转，喊二是向左转，喊三是向右转，喊四是立正，喊五是稍息等。动作做错的人，立刻出队被罚到前方空地做俯卧撑或交互蹲跳数十下，这个方法几乎没人能幸免，那些在营外玩得越凶的人，往往受罚的次数越多，也被罚得最惨。

当时，大伙都认为部队的干部是幸灾乐祸地在整人，颇有怨言。后来，等自己成为干部，也让部下喊过如此的收心操口令，虽然觉得教训凶了一点儿，不过也体察到这种方法确实能立刻将新兵在营外放飞自我之后把心收回来，快速适应纪律严明的军队生活。收心操之所以一直为不少部队所用，想必正是这个道理。

当然，我们不可能，也不需要像新兵训练营那样，把孩子当作新兵，在寒暑假结束前、开学初，来个严格的收心操。然而，为了帮助孩子收起玩心，专注于学校课业，倒是可以用一些方法来收心，只是方法不必像部队的收心操那样严苛。一个多月的悠长假期，孩子的心玩得有点野，生活也变得懒散。如何帮助孩子重新步入学校生活的正轨，就要费一点儿巧思，行一些智举。

首先，可以陪同孩子做一些开学前的暖身活动。比如检查一下孩子的假期作业是否完成？书籍、文具是否需要添购？陪孩子逛一趟书店、文具店；和孩子讨论新学期的计划、新课本的内容、新班级的任课老师等。又如，陪孩子去博物馆走一趟，让孩子去看一些与新学期历史课内容有关的文物，引发孩子学习的兴趣；到图书馆翻阅一些参考书、百科全书，增进孩子对自然科学的生动印象；去超市、菜市场选购水果、蔬菜，请孩子计算一下商品的价钱总额，巩固并熟悉数学课的内容。无论是哪种活动，只要根据孩子新学期的课本内容去设计，发挥一下自己的想象力，活动就在身边，乐趣就在其中。

其次，如果孩子在假期中生活作息较不规律，或是较为疏懒，则需要协助他慢慢做一些调整。比如说，孩子常习惯于晚睡晚起，可以和他讨论一些调整的必要性和程序，不要一下子就要求孩子按平常上学那样早睡早起，如果他已习惯十一二点才睡，可以先和孩子商量试着早睡半小时或十五分钟。过了几天效果不错，再试着提前半小时上床，以渐进的方式进行，直到恢复平常上学时的睡觉时间。睡前不要让孩子在床上玩电子产品，因为屏幕的光线会影响体内褪黑激素的分泌，从而导致睡眠延迟，影响睡眠。你可以让孩子像上学时候那样，整理第二天需要的东西，或者列出第二天要做的事情，然后正式上床睡觉。

再接着，鼓励孩子早起。在约定的起床时间的前半个小时，拉开孩子卧室的窗帘，让孩子接受自然地光照，起床就不会像被闹钟突然惊醒那么痛苦。也是以渐进的方式进行，先提前半小时起床，实施几天后再将起床时间往前提……如此来调整生理时钟，才能帮助孩子渐渐适应，恢复到上学时的规律作息。

对孩子的督促不能操之过急，一般而言十天左右比较好。因此，不要等到开学头两天才开始实施，那样可能会引起一些不必要的困扰或亲子冲突，效果还未必好。别忘了，光是提醒、唠叨、警告、教训……是无济于事的，父母不妨试试前面提到的暖身活动，当然如果根据自己孩子的情况设计，效果会更好。在生活中加入一些开学的线索及暗示，给孩子一点开学的仪式感，即使这些做法没有上升到孩子的意识层面，孩子仍会受到潜移默化的影响。

Chapter 8

给孩子准备了那么多，你自己呢？

家庭其实和人体很像，是一个整体结构，由相互关联的部分组成，其中每一部分都会影响其他部分，也会受到其他部分的影响，而他们都关系到总体功能的发挥。

我们以三口之家为例，别看只有三个人，也是个复杂的整体，比如婴儿的微笑，可能是由母亲的微笑引起的，而母亲关切的表情通常会使孩子变得敏感警觉。当父亲参与进来，母婴之间的二人关系就转变成了由夫妻关系、母子关系和父子关系组成的家庭系统。这就意味着任何两个家庭成员之间的互动，都会受到第三个家庭成员的态度和行为的影响。而随着二胎时代的到来，家庭系统会变得更为复杂。

都说父母难为，这不仅是因为父母的一举一动都会对孩子造成影响，还因为孩子在某些方面也会给父母带来挑战。那么，父母怎么做，才能在言行举止上不断给孩子施以好的影响，才能轻松应对来自孩子的挑战，才能帮助孩子走出生命的低谷呢？或许读完本章内容，你能得到一些启发。

1

父亲要主动拉近自己和家庭的距离

六岁的小真有一天晚上坐爸爸的车出门。忽然，她发现爸爸开车闯了一个红灯，她急忙告诉爸爸："有红灯！"爸爸回答说："没关系，晚上没什么车，也没有警察！"爸爸的话让她困惑了很久。又有一天，她和妈妈一起走路穿过街道，见着红灯也催着妈妈赶快走。妈妈说："不行！你没看见红灯吗？"她回答说："没有关系，没有警察可以过去，爸爸说的。"气得妈妈回家生气地质问老公是怎么教导孩子的。

父亲是孩子社会化学习的重要对象。根据一些研究发现，孩子常从父亲身上获得许多知识性、社交性、法律性等资讯，而且会接受父亲对社会、国家、世界等的观点和价值观。因此，父亲是孩子认知生活及适应社会的典范！爸爸说的、爸爸做的，可能是不经意的一句话，随意的一个行为，但传递给孩子后，他们却是认真地学习，甚至会错误地效仿。

在一次读书会中，一个妈妈分享说："在我们家，孩子是我一个人的，我感觉老公就像一件家具，你知道他摆在那儿，却不知道有什么用，还不能扔……"

父亲，对大多数的中国人而言，一直是个很具刻板印象的权威角色。例如，父亲常不苟言笑，吹胡子瞪眼；父亲长年在外工作，赚钱养家；父亲很少管孩子，只有在重大问题发生时，才出面担任惩罚者；父亲常掩饰内心情感，与孩子不亲近；父亲说话严厉大声，不容许妻儿有反驳的意见；等等。无论哪一种形象，都是那种高高在上、很有距离感的角色。

然而，在社会快速发展的今天，传统父亲的距离感在小家庭形态中正逐渐减弱，再加上民主教育的影响，使得不少父亲也开始意识到要参与到孩子的教育中。每年的父亲节，虽然没有任何官方的明文规定，当天也没有放假，不过对于许多家庭来说，仍会用各种不同的方式来庆祝父亲节。在一些亲子教育的演讲和活动中，也看到了愈来愈多的男性，而且他们还会主动提出一些深入的问题和见解。这是一个可喜的现象，因为在亲子教育中，父亲的角色是非常重要的。

美国卫生部门曾组织专家编写了一本叫作《父亲在儿童健康发展过程中的重要性》的手册，总结了成为一个有效能的父亲应具备的八种职能：

（1）和孩子的母亲培育积极的关系。

（2）花时间陪伴孩子。

（3）养育孩子。

（4）恰当地规劝孩子。

（5）引导孩子走向家庭以外的世界。

（6）保护和供养。

（7）成为孩子的楷模。

（8）传递给孩子生命的意义和价值。

尽管如此，仍有一些父亲，因忙于自己的事业、只关心与自己工作有关的资讯、放不下架子与孩子亲近等种种理由，而迟迟伸不出推动摇篮的另一双手。不少女性热切地盼望自己的丈夫能够在心理上获得成长，早日进入父亲的角色，像她们一样多学习科学的育儿方法、参加父母的成长团体或课程，因为这些学习不仅在教育孩子上让她们有所收获，而且在个人的成长上也让她们感到有了明显的提升。

父亲不是教育孩子的替补队员，而是重要的合伙人，不要让孩子的妈妈孤军奋战。对于孩子而言，父亲的参与能够平衡母亲的过度保护，促进孩子运动能力的发展，有父亲陪伴的孩子探索世界的愿望更高。也许作为父亲陪孩子的时间有限，但仍可以做到给孩子高质量的陪伴，在送孩子上学的路上、孩子临睡前、餐桌上，你可以放下手机，不开电视，专注地和孩子聊聊今天发生的事。出差的时候也可以打电话问候孩子，让孩子感受到虽然你没有很多时间陪他，但你仍然是他可以依靠的后盾。

因此，作为父亲，除了工作上努力进取外，也别忘了家是工作的后盾，积极参与到孩子平日的生活中，和你的另一半共同承担起教养的责任。否则在这个家庭系统中，妻儿在不断地成长，如果你缺席，终有一天你会让自己在家中的地位很尴尬。

附：

我可以怎样增加家人间的共处时光？

（1）尽量不要将工作带回家，必要时，也应先关心或问候一下家人。

（2）尽量在周末或假日时，安排全家一起的活动。

（3）工作忙碌无法陪伴孩子时，可与配偶协调陪伴孩子的时间。

（4）为家人准备一个共处时间，如：家庭阅读日、电影欣赏日、心情分享日等。

（5）邀请孩子一同做家务事，不一定要特地培养什么技能，重在从中与孩子分享生活经验。

与孩子分享生活经验是一件重要的事，透过轻松、愉快的谈话，经常与孩子讨论或分享生活中、学校里、工作上的点点滴滴，是建立亲子良好互动的关键，更是传递价值与期许的桥梁。

2

所谓的胎教，关键在于父母

一位求好心切的朋友打电话给我，说她最近怀了第一个宝宝，听人说十月胎教胜过十年教育，她想知道什么是最好的胎教。她觉得一些人所谓的看俊男美女照片不足采信，她希望听一些胎教音乐，因为有种说法是，如果一位母亲在怀孕的时候常固定听某一首歌曲，等孩子出生后，再放那一首歌曲，孩子就会受到安抚，停止哭闹；给孩子听听莫扎特等古典音乐，还能让孩子变得更聪明。

我告诉这位朋友，孩子当然听不懂音乐，声音传到子宫里他听到的只是单纯的物理声波，并无艺术美感可言，而缺少安静的环境，还可能造成胎儿神经紧张，易受干扰并容易烦躁。目前为止，尚无科学证据表明胎教对提高胎儿的大脑发育有任何帮助，当然我也不反对听音乐，母亲的心情好对胎儿一定是有好处的。

朋友又问："那么，胎教到底有没有用啊？"我只能跟她说："最好的胎教就是你时常心情愉快，尤其要告诉你的先生不要惹你生气，多陪伴你去散步……说白了，就是当爸妈的身心保持健康，关系良好。"良好的夫妻关系有助于让孩子产生安全感，反之夫妻关系冷漠、紧张，不利于孩子产生安全感以及对父母的信任，给孩子的大脑带来情感压力，影响孩子的大脑发展。我们的大脑最在意的不是学到什么，而是如何保证自己的生存，只有在安全需要得到满足之后，才会留出空间来考虑其他的事情。

其实，任何胎教都比不上父母在教育上的准备来得重要，除了保证均衡营养、控制体重、阅读一些基本的婴幼儿身心发展的图书外，还要体会“成为父母的转变”，因为亲子角色可以说是成人发展中最重要的一个角色，也是最难扮演的一个角色。通常宝宝降生的第一年，夫妻双方的婚姻幸福感会显著下降。准父母在心理上要对这个转变而带来的大大小小的琐事有所准备，比如被孩子“套牢”，失去一些自由；半夜起来喂奶换尿片，以致睡眠不足；被孩子经常哭闹弄得肝火上升；干净整洁的房间堆满婴儿用品；夫妻因教养态度上的分歧或分工不均而产生争执等。

总而言之，不断适应亲子角色是父母未来数十年间的重要任务。因此，最好的胎教，我想不是教育母腹中的胎儿，而是孩子的父母吧！

3

有边界的爱，才不会成为束缚

“假如我有了自己的孩子，我绝不像我爸妈教育我那样去教育他。我并不是反对父母对我的关爱。他们对我有求必应，满足我所有的愿望，甚至包括一些过分的要求。但是，他们时刻为我担惊受怕，怕我生病、怕我出什么意外、怕我……他们不愿意我和朋友外出，要是我到朋友家玩，他们准会打电话来，问我什么时候到？什么时候回家？他们想了解我全部的想法，掌握我全部的活动。爸妈的关心就像一条无形的锁链缠在我身上，使我没有半点自由。我一直生活在他们为我精心布置的舒适房间里，我现在已经12岁了，但我还是感觉到自己像一只关在笼子里的小鸟。”

当我从《父母的错误》一书中，读到这么一篇纯真女孩子的作文时，我看到她字里行间内心的苦闷，以及对父母过度关爱的真实感受。这是一个比同龄孩子早熟的女孩，比起家里，这个可爱的女孩更喜欢学校，因为她在学校里能找到自己渴望和追求的东西。在学校里，别人把她当成一个真正的人来看待，她恢复了喜欢沉思、勤奋好学的本来面目，不再是一个被过度保护和溺爱，甚至快要窒息的孩子。

孩子一天天长大，渐渐发展出独立自主的需求，亲子之间的矛盾也随之突显，孩子嫌父母管得多，父母觉得孩子没良心，不懂感恩。传统的父母总会说：“你是我生的，我还不知道你吗？”他们总觉得孩子是自己的一部分，孩子的生活、愿望和梦想都是与自己有关的，小到替孩子决定穿什么衣服、吃多少饭、交什么朋友、上什么才艺班，大到高考应该怎么填志愿、毕业去哪里工作、选择什么样的结婚对象……这些父母觉得，孩子的事就是自己的事。这导致很多孩子没有独立选择的机会，不能选择自己喜欢的人生，一旦生活出现波折，他们也无法承担责任，因为这条路，是你替他选的。

有一档电视节目采访了一个四世同堂的家庭，几十口人和睦地住在一块儿。没有婆媳矛盾，没有兄弟纷争，小辈之间也相处融洽，问及相处秘诀，满头银发精神矍铄的老太太笑着说“和儿子保持距离，给儿媳放权，不干涉他们的个人生活，遇到大问题民主协商”。你看，维系这个家庭和谐相处的秘诀并不是亲密无间，恰恰是所谓的边界感。

我了解现代父母对孩子过度关爱的那种心情，但是请给孩子一些空间吧！让孩子能从小独自做些决定，从事一些自己喜欢的活动。然后慢慢放手，让孩子和自己一点一点地建立信心，相信你们会愉快地相处，孩子也能愉快地成长。父母应该先反思一下，我们对孩子、对自己的期望或标准是否过于严苛了。

4

你若积极无畏，他必坚强乐观

如果能够选择的话，没有父母会不希望自己的孩子聪明活泼、健康快乐。然而，有时上天似乎是有意要考验父母的爱心和耐性，使少数孩子变得不一样，比如出现遗传疾病、早产、感染中毒、脑部损伤、营养不良、心智或感官障碍等。

如果家中有这样一个孩子，无论他是先天或后天所造成的，这些父母的伤心和难过都是可想而知的。这些父母可能会经历否认、愤怒、内疚等一段挣扎的心路历程。然而，事实已无法改变。他们只有“接受事实”，这个想法可以使他们和孩子好过些，进而有勇气去面对更多的挑战。

养育孩子，特别是难带的孩子，父母最好和最差的秉性都会充分显露出来，作为特殊儿童的父母，你需要知道这样几件事：

第一件事，你并不孤独。即使你的周围可能没有和你情况差不多的家庭，但实际上类似的家庭在社会上仍是一个庞大的群体。不要孤立自己，你可以通过各种途径寻找社会资源，加入互助群体，无论在情感上还是资源上，你都会得到支持。

第二件事，不要忘记照顾自己。我们总是希望给孩子无微不至的照顾，特别是特殊孩子，家长更是希望能够尽可能减少他们生活中的不便，为他们做得更多。但别忘了，你只有照顾好自己，才能更好地支持孩子。除了照顾孩子，你仍需要有自己的生活。每周找一个可以信赖的人帮忙照顾孩子半天，利用这半天时间去做你想做的事情，可以自己独处，也可以和伴侣一起。如果实在没时间，现在已经有不少训练机构会在孩子做训练的时候，给家长安排按摩、瑜伽、下午茶等休闲活动，因为此时孩子有人照料，家长可以无顾忌地享受难得的闲暇。

第三件事，与自己和解。不要责备自己，眼前的这个孩子真的不是因为你上辈子造了什么孽。每个人都会在照顾孩子的过程中犯错误，没人能做到完美。原谅自己的偶尔失误，过分自责、自我折磨并不会帮你下次做出更好的决定。

第四件事，尽管生活不易，仍要保持微笑。特殊孩子的童年总是和医院、训练分不开的，在漫长的治疗过程中，你陪伴他、鼓励他、和他玩、逗他笑，对孩子来说是十分重要的，也是他童年的美好记忆。

第五件事，庆祝孩子的进步。每个孩子都是不同的，有自己的困难，也有自己的特长。特殊孩子的进步往往需要付出更多的努力，不要觉得孩子还有很多东西要学，还差得远，许多在别人看来微不足道的事，对特殊的孩子来说就是一件大事，相当值得庆贺。

我们可以感到遗憾，但不必觉得自卑；我们可以感到不幸，但不必陷入自责；孩子的能力可能受限，但我们仍有可为。生命中有一些苦难，父母不可能一一为孩子克服。既然不顺遂的事是我们生命中的一部分，也是必经的考验，那么最好的方法是，当孩子有需要的时候，站在他旁边帮他做好适当的心理准备，教导他如何面对别人的反应，不要过分忧虑或呵护孩子，鼓励孩子走出自己的世界，并帮助孩子发掘任何有可能发展的潜能。

多给自己一些鼓励吧！别忘了，在这个世界中你并不孤单，有不少专业机构和辅导人员乐意帮助你的孩子成长，只因为我们知道相互关怀和支援是苦难中的良药！

5 别“帮”孩子犯错误

在某次演讲结束后，一位妈妈忧心忡忡地找我私下谈了一个让她头痛的问题。她四个孩子中，排行老二、上小学三年级的儿子有偷窃行为，偷的都是父母的钱，而且从小学一二年级就开始了，起先是偷五元、十元，后来几十元，现在几百元，偷来的钱，不是自己吃喝玩乐，就是很大方地请朋友、同学吃喝。刚开始她并没有留意到这一问题，因为自己放在皮包里或衣服里的钱有多少她也不清楚，等到发现这个问题时，有时一忙也就过去了，有时气起来找孩子骂一下，处罚一下，结果造成孩子的偷窃行为变本加厉。更糟糕的是，后面的两个弟弟妹妹也开始学着哥哥的行为，偷父母的钱。

这位母亲在我面前坦承了自己的两个疏忽：一是自己的钱有多少搞不清楚，而且随手乱放；二是自己的管教态度前后不一致。是的！所谓“财不露白”，父母并没有察觉到花花绿绿的钞票，对孩子是一个很大的犯错诱因，容易诱使孩子犯错误。

这位母亲疑惑地说：“都是我生的，为什么他的哥哥就不会这样呢？”我想大多数的父母会认为孩子如果品行端正、意志坚定，他就应该能够禁得住诱惑。我想打个比方来说明这个问题，如果你在路上看到别人掉下的百元钞票，四下无人的话，你是会捡起来放入自己的口袋里呢，还是会把钱送到警察局失物招领？如果你的答案是前者，那么你应该能够理解孩子禁不起诱惑而做出偷窃的行为！

另一个问题是，当孩子犯错时，父母未能立即处理，或者管教的态度前后不一致，这会使孩子心存侥幸或无所适从。因此，父母在发现问题时，应及早表达坚定的态度，明确告知孩子正当的行为准则，尽可能减少或避免孩子一而再，再而三地犯错误。

给孩子冠上偷窃的罪名是太大了些，毕竟孩子拿的只是父母的钱，而且还处在不能很清楚地了解人我界限的幼小年龄阶段。然而未经同意，擅取他人财物是不对的行为，父母要对其原因和纠正方法进行深思。否则，一旦孩子偷窃成癖，则很难改正。

另一位妈妈说，他的孩子是那种消极抵抗型的，虽然没犯什么大错，却也不好管。由于孩子天生牙不好，她为了孩子的口腔卫生，经常叮嘱孩子刷牙，还亲自去检查孩子确实做了没有。刚开始时，她检查孩子的牙刷，发现牙刷刷头是干的，便推断孩子没刷牙。结果的确是孩子偷懒没刷牙。这之后，孩子每次将牙刷放在水龙头下过过水，然后再放回漱口杯中。后来，她又觉得奇怪，为什么牙膏消耗得很少？她询问孩子有没有用牙膏？聪明的孩子不会犯第二次错误，他把牙膏挤到牙刷上，然后再用水冲掉。这样欺瞒了好长一段时间，直到有一天，孩子喊着牙疼，到牙医那儿一检查，发现孩子好几颗牙几乎被蛀掉一半，她这才知道孩子一直在骗她。这件事让她非常气恼。

许多父母喜欢去侦察孩子的行为举动，甚至侵犯孩子的隐私，比如翻孩子的书包、抽屉，偷看孩子的日记，偷听孩子的电话等。不少父母还振振有词地辩解说："不这样，怎么知道孩子的事情？"一位妈妈担心地说："现在食品安全问题这么严重，我不去偷偷地检查，怎么知道他有没有在外面乱吃东西？"

问题是，父母如此侦察孩子的行为能防范什么呢？等发现孩子的一些偏差行为时，根本来不及做什么事前预防措施，充其量只能是事后补救。要了解孩子的想法和行为，不是靠当侦探似的去查案，也不是像法官或警察似的去问案，重要的是让孩子愿意将心里话和周遭发生的事告诉父母，与父母分享一切。

了解孩子必须建立在良好的亲子关系上，要真诚地尊重和接纳孩子，倾听和同理孩子，也只有这样，才能防止孩子误入歧途。我认识一个妈妈，常限制孩子外出，逼得孩子只好想出各种理由来骗她，不是说到同学家做功课，就是说老师要他们去画教室板报。几次以后，她开始产生怀疑，打电话给孩子同学或老师询问后，发现孩子在说谎，她责打了孩子一顿，希望孩子知错能改。结果适得其反，孩子为了能外出，谎话编得更圆，甚至联合同学一起来欺骗。后来，这孩子沉迷动漫人物，还为了买周边产品而偷她的钱。

如果父母常去扮演警察或侦探的角色，赶快停下来吧！人际互动是很有意思的，就像有了内心迷茫的人，才会有所谓的心灵导师一样。不要站在孩子的对立面，让孩子为了反对你而做出更大的偏差行为，使问题愈发棘手。

6

“孩子怎么就不如我呢？”您多虑了

朋友和他上小学五年级的儿子一起去某亲子电脑班上课，学了半个月后，他告诉我：“我平时总说这臭小子学习马马虎虎、做事也不认真……不过我发现编程这个事我竟然学不过我儿子，我好歹也读完了硕士啊，真是不服不行……你说他要是能把这个聪明劲儿用在学习上该多好，我像他那么大的时候都没掉出过前十名。”

我们的孩子是未来的一代，他们的学习能力强，对新事物的感受力高。有时当我们还在翻产品说明书、查询使用指南的时候，孩子已经知道怎么使用了。我们来不及了解的新鲜事，他们也许早知道了。我自己很难一下子掌握新的电脑语言，而我的学生却能准确地操作，而且有创新的点子。尽管如此，我们仍拥有一些优势，我们的阅历多、经验多，对于问题较能进行冷静的分析和判断。所以，我们不必泄气，也无须不服气。我们是在很多方面都比孩子强很多，但在某些方面孩子一定比你厉害。

很多家长对孩子最起码的要求就是一定要比自己强，最好能光宗耀祖，光耀门楣，似乎如果孩子发展得不如自己的爸妈，即使爸妈再优秀，仍是一个失败者。为什么你没活出你想要的样子，却要求孩子活成你想要的样子呢？希望孩子将来过得更好、比自己更幸福、成就更高，你可以去希望，但不能强求。如果你的目标和孩子的目标不一致，或超过孩子能力范围太多，孩子可能一生都在苦苦追寻，亲子彼此过得都很痛苦。

孩子需要我们的支持，如果你经常肯定他们，他们也愿意我们参与他们的生活，这种对我们的信任，更值得我们付出心力来教导他们，帮助他们吸取我们过去失败的教训，接受我们昔日成功的经验。参与孩子的生活，并不是要分享他的每时每刻，探查他的所有隐私。参与，不是指挥，不是指手画脚，而是一种同理的沟通，一种为孩子所接受的尊重。

孩子身上虽有很多有待提高的空间，但一定有比你强的地方，发现它、肯定它、扩展它，年龄从来不是学习的鸿沟，当你不再接受新事物时，你才真的老了。让我们与孩子学习彼此的优点和专长，在充实我们的人生的同时，帮助我们的孩子走进一个广阔的未来世界，到时候你会由衷感叹：对孩子的发展，自己真是多虑了。

7
为孩子做些小改变

每当和一些前来寻求帮助的人谈到改变，我都能感受到他们的矛盾，他们对于现状确实感到不满意，想改变，但又觉得改变起来很难，有人认为是别人不好，别人才是要改变的人；有人认为一旦自己改变了，就证明过去的自己错了；有人不愿承受改变带来的不适应，有人觉得改变太难，还没试试看就放弃了。

翻书时，偶然看到了一段墓志铭，上面写道：

> 少年时，意气风发，踌躇满志，当时曾梦想改变世界。
>
> 但当我年事渐长，阅历增多，发现自己无力改变世界。
>
> 于是，我缩小了范围，决定先改变我的国家，可这个目标还是太大了。
>
> 接着我步入了中年，无奈之余，我将试图改变的对象锁定在最亲密的家人身上。
>
> 但天不遂人愿，他们个个还是维持原样……

再翻页，看到了墓志铭的后半段：“当我垂垂老矣之时，终于顿悟，其实，我应该早就明白，我能改变的只有我自己！而且，通过我自己的改变，以身作则，或者能影响我的家人改变，进而影响我周围的人改变……说不定最终真的能影响国家呢……可是，你知道，我已经死了，没法从头再来！”

我的一位学生跟我提起他跟他母亲的一次谈话。有一次，因为他忍受不了母亲一而再，再而三的提醒，就对母亲说：“妈，以后你要提醒我的话，只要说一遍就可以了，因为我只会听你说的第一遍。”他的母亲想了想，对儿子说：“这样好了，以后我如果说了三遍的话，你只要听最后一遍，前两遍你就不要听了。”

好笑吗？这位母亲眼见孩子长大了，不得不做一些妥协，但妥协的方式不是提醒自己少唠叨一点儿，而是要儿子对自己所说的话加以忽视。我想，问题不在于孩子该听第一遍，还是第三遍，而是这位母亲不愿意改变自己，总是要多说几遍才安心。很多妈妈都是这样，明明知道多说无益，仍割舍不掉唠叨的习惯。在生活中也不难看到那些时常对孩子耳提面命的家长，不管孩子听不听，我说我的，看上去很尽责，也做了很多，但更多的是为了缓解自己的压力，是说给自己听的，不管到底有没有效果。似乎只有这样才能体现自己是个尽责的好父母，而孩子做不做以及做不做得到是孩子的问题。

小时候，老师和家长在教育孩子、纠正孩子的行为时，都喜欢用给小树剪枝这样的比喻，在教养孩子的过程中，你能从中发现自己是如何长成今天的你。你小时候所遇到的问题常会在你与孩子的关系中重现，不过这一次你的位置不一样了。有了孩子是值得感恩的一件事情，因为孩子的缘故，父母有机会重新学习，重新去修复自己成长过程中的失落。父母在想要帮助孩子、教养孩子的同时，其实也在重新教养自己，这是一个很棒的互动关系。因为父母常常为了孩子而学习，但是最大的受益者往往最先是父母自己。如果意识到这一点，养育孩子的同时，我们就能进行自我更新，用更好的方法对待孩子，而在这一过程中我们也会变成更好的人，这恰恰是养育的另一层含义。

要改变一个固有的行为习惯很不容易，但是只要你下决心要改，慢慢改，总是能够变得不一样。今日为人父母者，不要害怕改变，只要提醒自己，不去奢望改头换面的大改变，小改变其实并不难，也不可怕。再者说，你主动地寻求改变，总比重蹈覆辙的无用功来得有效。

如果过去的教育方式已然失效，父母何不主动去改变一下。在改变的过程中，也别忘了多给自己打气：我可以改变，我有信心变得更好，我要好好地欣赏自己的改变，与孩子分享改变后的乐趣！

8

疏导情绪，帮孩子走出父母离异的阴影

自2002年开始，我国的离婚率就一路走高，离婚对大人是一种伤害，对孩子更是一种伤害，而且这种伤害常不容易被发现，但影响却很深远。

一些离异的父母为了尽量避免孩子受到伤害，便采用了掩饰的方式，希望能拖延多久算多久。如欺瞒孩子说："你爸爸要出国很长一段时间，不跟我们住在一起……"或者说："你妈妈身体不好，想回外婆家住几个月，希望我们不要吵她……"这种欲盖弥彰的说辞，迟早会被拆穿，何况多数夫妻在分手之前，都有一段时日非热战即冷战的情况，孩子早看在眼里了。

相信孩子敏锐的观察力吧！一个三岁多的小女孩问她母亲："你和爸爸的爱情是不是已经消失了？"这位母亲对我说，当时她几乎要晕倒，心是既痛又惊，许久无言以对。

孩子需要了解自己和父母的内在感受，父母在表达自己的情感时，也能帮助孩子自由地表达情感。孩子在看着你，你的表现是他表达内在感受的标准，假如父母企图否认自己内心的愤怒和痛苦，也会让孩子将自己的愤怒和痛苦深埋心底。压抑或掩饰情感，只会对亲子关系造成更

大的伤害。

接纳自己的情感，首先必须说真话，这有助于澄清亲子间的猜疑。其次，利用机会让孩子毫无顾忌地把内心感受说出来。以下是一些较客观的表达情感的话，提供给父母参考：

今天我很难过，因为爸爸妈妈的婚姻不能再维持下去了。

我很生气，因为你爸爸/妈妈要离开我们了。

自从你爸爸/妈妈打算离开我们，有时我会感到孤单。

有时间我会来看你，真不知道要和你说什么，以前我们住在一起时，好像什么话都可以谈。

我会想念你，我心里也很难过。

父母要注意的是，跟孩子分享自己内心的情感，不是吐苦水或发牢骚，更不要把自己的重担加在孩子身上，因为他们承受不起。有些父母还会赋予孩子过多的期望或压力，他们会对孩子说："这下你爸爸不要我们了，妈妈现在只有指望你了！""妈妈走了，今后只有我们父子相依为命！"这样的话会给孩子带来很大的压力。父母要清楚地了解，表达自己情感最重要的是引导孩子倾吐心声，以增进亲子情感联结。

大人的情感走到终点，并不表示亲子关系也跟着走下坡路，因为父母仍爱着孩子。父母也得让孩子知道他不需要偏向任何一方，他可以仍然同时爱着爸爸妈妈，即使一家人不再住在一起。然而，不少孩子碰到父母离异的事情时，虽然受到深深的伤害，却不愿说出来，而是将复杂的情绪埋在心底。孩子有话不说怎么办呢？

针对这种情形，父母可以先观察孩子非语言的表情动作或语气表达，然后把他的想法和感受反映出来，并给予接纳。在这个过程中，重要的步骤是先描述他的行为或情绪，然后邀请并引导他说出来。如果孩子一时沉默不语或不愿意说，父母也不要急于强迫孩子说，只要过一会儿，再以持续关爱的同理心引导他，他自然愿意将自己的想法和感受吐露出来。如果孩子哭出来，放宽心，这是好的开始！当然，孩子不见得能清楚地表达出自己的感受，父母可以通过语言来试着引导他，如：

你看上去很悲伤（生气、害怕、担忧），我能做点什么吗？

我现在有点难过，你呢？

你害怕我不要你了，是不是？

你很希望爸爸/妈妈不要走，是吗？没关系，你可以把你的想法说出来。

有时，孩子会误以为自己是造成父母离异的主要原因。幼小的孩子也许会想起自己曾做了什么让父母生气的事情，比如打翻牛奶或者尿床，所以才造成父母吵架分手；较大的孩子可能认为自己考试考好一点儿，父母就不会离婚。总之，任何年龄的孩子都可能会想：“爸妈是不是因为我的事吵架，所以他们要离婚？”孩子心中若有此类疑虑，父母应清楚和肯定地告诉他：“爸妈的分手不是你造成的，而是大人之间的问题。”

父母要以简单、客观的话来解释，千万不要用复杂难懂或指责对方不是的言辞，这会破坏孩子心中爸爸/妈妈的形象。父母能平心静气地一起告诉孩子最好，如果做不到的话，就分别和孩子在私下沟通，但说法得事先协商好。

婚姻的结束是生命过程中的一个重大断层，与此有关的每一个人都需要时间来弥补内心的裂痕。大人需要时间来自我疗伤，同时也要帮助孩子疗伤，唯有亲子携手才能一起走出罪恶感和愤怒，停止自责或责备别人。只有这样，你和孩子才能找回欢笑和快乐。

Chapter

9

新时代“新”父母：不同年龄段孩子的教养策略

大人和孩子分属不同的世界，如果说大人的世界是现实的陆地，那么孩子的世界就是潜力无限的海洋。随着年龄增长，孩子的内心世界无时无刻不在发生着细微的变化。孩子的内心世界神秘而丰富，了解孩子成长的历程，有助于我们更好地关心孩子，教育孩子。在孩子的成长过程中，每个年龄段都会呈现不同的心理特点，因此，教育目标也各有侧重。父母越是了解这些知识，就越能理解孩子，在遇到问题时条理清晰地找到症结所在，从而找到解决方案，而不是用成人世界的“大道理”强加于孩子身上。

父母的角色并不是一成不变的，时代的发展和孩子的成长都要求父母适时调整角色，以适应孩子的成长。父母应该如何调适角色？如何根据孩子的特点来调整自己的教养策略，以促进和改善亲子沟通，化解冲突，保持良好的亲子关系呢？这一章，我们将结合前面的知识谈谈不同年龄孩子的教养策略。

1

网络时代父母的角色调适和教子策略

不管你愿意不愿意，只要你有孩子，你已经是新时代父母了！过去二十年里，由于计算机在家庭中的普及和电子网络的盛行，大量丰富的信息正源源不绝地进入我们生活的世界，影响着我们的思考和行为，也影响着我们对孩子的教育。从可预见的未来来看，新时代的有形和无形的压力会愈来愈强大。面对大量信息挑战，不要说我们成年人有着不知如何选择的困惑，成长中的孩子更可能产生如何获取有效信息的疑惑。这个问题如果不解决，很可能会造成“不蒙其利，反受其害”的结果。

因此，作为新时代父母（不管你喜不喜欢），我们应该看到一个新的亲子教育舞台正在我们眼前拉开帷幕，而且我们就是舞台上的主角之一。面对这个新角色，别担心，让我们来共同探讨如何扮演好这个角色，和孩子一同演奏亲子和睦的篇章！

面对新时代的子女，你是怎样一个父母呢？听听以下的心声：

我不管什么新时代，我尽好父母本来应尽的职责就好！

孩子还小，生在这个时代，等他长大了自然就会用了，不用教！

我买电脑给孩子，也给他连上网，看他玩得蛮开心的，不会有什么问题吧？

我有电脑，也上网啊！但是孩子除了玩玩游戏、听听故事恐怕没什么兴趣学别的吧！

我很担心！孩子上网可能会获取到不好的信息，而且长时间在电子设备前，会影响他的视力和功课。

现代人不都手机依赖、网络成瘾吗？我觉得不太好，也很少用，是不是跟不上时代？这会不会让孩子也落人之后？

如果以上六种心声中的任何一种能引起你的共鸣的话，很抱歉，你不是没有察觉到父母的角色该如何调适，就是对父母的角色该如何扮演有过多的焦虑。其实，无论处于什么时代，父母的角色都是基于爱和关怀来确定其目的和实施行动的。父母的角色不是被动的，它需要参与和投入，它意味着提供孩子以指导、经验和机会，帮助孩子成长。扮演新时代父母角色其实和扮演传统父母的角色一样，不会比你想象的难。美国儿童教育专家伊娃莲·彼得森在她的《新时代父母》一书中建议父母，要抓住以下三个基本的精神和原则：

（1）对孩子保持爱和真诚的兴趣。

（2）有一种与孩子分享自己的想法和信念的渴望。

（3）主动自发地教导孩子需要知道的事。

怎么样？不难吧！这三个精神和原则是父母很容易了解的，也是能做到的，尤其是当孩子幼小的时候，唯一的难点在于父母必须要有信心和耐性在日常生活中持续地去实践。

下面我们来聊聊在网络新时代父母的教育心态。

有些父母仍认为玩电脑等电子设备只是一项休闲、娱乐活动，或是一种训练孩子手脑灵巧的工具。然而，事实证明，计算机和网络在教育上的功能远远不止这些，作为一种资讯媒介，它们和绘本、阅读、活动、实验等都可以使孩子从中获得知识，随着虚拟现实、增强现实技术的发展，父母不仅可以在真实的世界引导孩子学习，在虚拟的世界更可以帮助孩子学得更多。如果有了这样的体会，父母接下来就该面对如何善加运用的问题。一般而言，科技或科技工具本身没有什么好坏之分，它有赖于使用者的企图和动机，动机的好坏决定着影响的好坏。不被这些牵着走，学习如何去使用掌控它，对于这个时代的我们是一件很重要的事。

因此，父母自身若不能摆脱对电子产品的过度依赖，无法适当地引导孩子健康使用，孩子也会有样学样。除了有节制，父母若能教导孩子如何过滤、分类、舍弃和储存信息，不但能帮助孩子避免遭受不良信息的污染（比如几年前网络上的“蓝鲸游戏”，以及前段时间在视频网站出现的充满血腥暴力的“毒动画”），还能提高孩子适应未来世界的能力和生活质量。简而言之，新时代的孩子需要学习更多的认知和评估信息的技巧，这是网络时代的必修学分，而这一切却必须从父母的认知和评估技巧出发。

那么，新时代的父母有什么好的教育策略呢？

请先放下心中的疑虑！不要担心自己是否能够胜任，只要你以开放和弹性的态度面对时代多元的变化，那么就表示你愿意随时准备去学习和成长。此刻，你不妨放松心情，继续阅读以下提供给新时代父母的教育建议：

（1）表现真诚的关注。新时代父母会留心真实生活和网络学习中每一个细微但重要的时机，并且对孩子表现出高度的兴趣。真诚的关注意味着父母时刻不忘这一点：对孩子付出的心力和时间都是值得的，同时与孩子进行言语或非言语沟通时，都表现出我关心你、我对你的事情感兴趣的真诚态度。

（2）提供指导。指导孩子不仅是口头上说说而已，也需要父母以身示范。新时代父母会运用计算机和电子网络与孩子分享自己对生活的理解。例如，父母上网与孩子一起寻找和讨论社会事件、健康营养、生态保护等信息。新时代父母也会运用计算机和网络，教导孩子一些他该知道的重要事物和生活技能。例如，父母可以提供给孩子一些有关社交网络、在线购物、电子邮件等信息及经验。

（3）共同快乐学习。学习是快乐的，千万不要把指导孩子使用电子设备、上网当作学校功课一样地教。新时代父母要保持角色的平衡，一方面给孩子坚定明确的教导，一方面与孩子一起进行有趣愉快的学习。因此，父母在家中要制订一个电子设备和网络的使用规范，比如限制使用时长、在网络设置中允许或阻止访问特定网站、在网络世界中保护好个人隐私等。同时，不要严词告诫或斥责孩子不当的操作或使用，要以温和坚定的态度来教导。例如，父母可以加入到孩子当时的游戏中，也可以推荐孩子一些诸如休闲旅游、趣味实验、艺术创造等对他比较有吸引力的内容。如今能和孩子一起玩游戏的家长并不少见，通常以爸爸居多，不过与游戏的结果相比，过程不容小视。游戏最重要的是平等，游戏过程不要干涉孩子的游戏策略，不要怪孩子玩得不好，如果是团队合作的游戏，可以在游戏结束后和孩子一起总结经验、讨论战术。虽然不需要爱屋及乌，至少应该去了解孩子喜爱的世界。

至于孩子从什么时候起可以上网、可以玩电子设备，专家的建议是在两岁以前不要给孩子观看任何电子屏幕，幼儿园的小朋友看电视时间一次不要超过二十分钟。如果你已经做好准备，预留了孩子的户外活动、自由玩耍的时间，并实际教给孩子一些使用方法和规范，就是时候了。不过，针对什么年龄教什么内容、如何教的问题，倒是有一些建议供家长参考。但别忘了，下面说的是一般规律，具体到每个孩子身上，仍会有发展速度的不同以及个体的差异。

孩子的年龄	教育目的	行为范例
6岁以下	1. 引发学习兴趣和动机 2. 学习基本操作 3. 提升自尊和增强信心 4. 教导孩子自律	1. 示范、介绍使用电子产品和网络的学习乐趣 2. 帮助孩子学习基本操作，以及一些简单常用的计算机语言 3. 与孩子一同选购相关设备及可以互动的软件 4. 鼓励并肯定孩子的学习过程和成果（多数时候过程比结果重要） 5. 与孩子协商电子产品的使用时间、次数及其他注意事项

续表

孩子的年龄	教育目的	行为范例
7至9岁	1. 促进亲子沟通和鼓励亲子共同学习 2. 指导孩子检索、运用信息的基本技能 3. 学习选择和判断信息的重要性和方法 4. 增进孩子创造力和问题解决能力 5. 培养孩子责任感	1. 与孩子一同选购知识性和教育性软件，并一起学习 2. 教导孩子搜寻信息、分类、储存信息等 3. 和孩子一起上网，从三四种游戏或软件中挑选适合自己的应用 4. 指导孩子查询旅游、休闲、运动等网站信息 5. 开始给孩子一点自己使用电子产品的时间和空间，做亲子分享和讨论
10至12岁	1. 学会比较来源不同的信息的优缺点 2. 学习人际关系和沟通 3. 学习选择和决策能力 4. 学习区分“刚需”和“想要”以及延迟满足 5. 培养孩子的责任感	1. 指导孩子利用网络寻找素材及课程相关的背景知识 2. 与孩子讨论、比较真实生活和网络世界的人际关系与沟通 3. 与孩子讨论网络购物的广告和产品信息 4. 教导孩子消费观念：父母可以付“刚需”的钱，孩子自己存钱买“想要”的东西 5. 给孩子较多单独使用电子产品的空间和时间，但得要知道大致内容，并与孩子分享和讨论
13岁以上	青少年时期的孩子需要更多的独立自主，由于之前已打下良好的基础，除了上述教育目的大同小异外，父母无须有太多的行动介入。只需偶尔观察并加入他们的活动，了解他们的使用情况和想法。例如，是否使用时间过长、是否浏览不良网站、网上交友等情形。当然，好的亲子沟通，是基本的教育良策	

2 如何与婴幼期的孩子进行亲子沟通

子女成长的过程需要父母持续不断的爱。不过，光是有爱的想法是远远不够的，还需要有爱的行动，其中以有效的亲子沟通最为重要。

随着孩子的认知、情感、语言、智力等身心方面的日渐成熟与发展，亲子沟通的内涵也渐渐丰富，变得越来越多彩多姿了。以下我们按照年龄将儿童分为四个阶段：婴儿期、幼儿期、学龄前期、学龄期，并分别从这四个阶段探讨亲子沟通的方式。由于孩子的发展速度有快有慢，个性也有不同，因此，区分孩子的生长阶段能更好地对孩子的问题加以说明。希望父母在阅读时可依自己的心得，先学习模仿，熟练后进而举一反三地运用，最后创造出自己教养孩子的风格。

（一）婴儿时期的亲子沟通

从婴儿出生后第一声啼哭开始，父母就得学习如何用耳朵倾听。因为从那一刻起，父母要能分辨孩子的哭声是肚子饿了、尿布湿了，或是想睡觉、害怕，还是想获得别人的注意来抱他、哄他。不仅如此，父母也得学会用眼睛来观察，因为婴儿的肢体语言已渐渐表示出一些意义，如微笑代表高兴，身体扭动代表生气或不安。等他们再长大一点儿，他们会用手指着某个地方表示想要什么东西，也会发出某个声音或做某个动作表示期望父母抱他。

一岁以前的婴儿表面上看似不会沟通，可是不能低估他的潜在学习能力。他虽然不会说话，也听不懂别人说话的内容，却能够从别人说话的态度和声调判断对方是否亲切友善。此时，父母在与孩子沟通时可以使用简单的语言来描述发生的事情或经过，帮助孩子学习。这里举几个例子供参考：

当你抱着孩子外出散步时，你可以用愉悦的声调将自己的心情和沿路的风景告诉他："妈妈很高兴带你出来走走，今天的天气真好！公园里的树好高，也有许多美丽的花。你看！那边有好多大哥哥、大姐姐在溜滑梯，他们玩得多开心啊！"

当你在家里一面做家务，一面照顾着摇篮里的孩子时，你可以用温柔的态度说明自己正在做的家务："妈妈现在正在叠刚洗好的衣服。瞧！这件粉红色的就是你的衣服，漂不漂亮？"

当你帮孩子洗澡时，你可以用兴奋的语气跟他说话："哇！这盆里有好多水，让妈妈帮你洗个舒服的澡，很好玩呢！"

相对于语言上的沟通，这个时期的孩子需要父母更多非语言的沟通，如眼神注视、拥抱、亲吻、抚摸等表情和肢体动作。举例而言，当孩子很乖巧地玩着玩具或听着音乐时，你可以看着他说："你好乖啊！"又如，当孩子发出"妈妈"的单音或在地板上努力爬向你时，你可以轻轻拍手鼓掌说："你好棒哦！"而当孩子做出不当的行为时，父母可以用平静坚定的态度和语气来教导孩子。例如，孩子在地板上爬向电线插座或风扇，父母可以用平静坚定的态度和语气，摇摇手告诉他：

“不可以！”又如，孩子不知轻重地打父母或别人时，也可用同样的方式告知。如此孩子会了解并且学习到哪些行为不被允许，进而减少不当的行为。但要留意的是，父母切勿用嬉笑的态度制止孩子不当的行为，因为这样做容易让孩子误解你是在跟他玩游戏，反而更强化不当行为的重复出现。

以下是父母常提出的两个问题，在此我做个简单的原则性回答，以帮助父母了解这一时期的亲子沟通原则。

第一个常困扰着父母的问题是：“孩子哭了，是否要去抱他呢？”因为有人说，常抱起孩子会养成孩子依赖的习惯，不断哭着要人抱；但也有人说，不去抱起孩子加以安抚，会让孩子没有安全感或感觉不受重视和没人爱。这个问题争议巨大，我认为较好的处理原则是：孩子哭了，父母应前去察看是否是生理原因，比如困了、尿布湿了或者肚子饿了。哭其实可以表达很多意思，生理上不舒服的哭和情绪上不开心的哭是不一样的，仔细观察孩子的情况，慢慢你就能从哭声中听出孩子的意思来。若不是上述情况，父母用手轻拍，或用语言稍加安抚即可。至于要不要抱起他，可以看条件是否允许，如果自己正忙着重要的事，时间或心情紧张，不妨让孩子哭一会儿。重点是，如果父母忙碌或心情不佳，敷衍地抱着孩子或者边抱边埋怨，孩子会很快地感受到负面的反应，这样反而会造成双方更多的冲突不安。不必因为偶尔未能及时回应孩子而感到内疚，以发展自我安抚能力为例，有的孩子每次半夜醒来必哭，哭了家长必哄必抱，那么孩子就根本没有机会也没有必要发展这项能力了。

第二个问题是：“喂母乳好，还是奶粉好？”这个问题也常引起争议。医学的观点自然认为喂母乳较好，这样做对孩子的先天免疫系统有很大帮助。但有时在实际操作中却有困难，如母亲身体状况不适合喂母乳，或由于工作因素做不到亲自喂奶等。有的妈妈还会担心喂奶粉不利于形成良好的依恋关系，在这一点上其实喂母乳或奶粉并没有多大差别，如果有差别完全在于喂奶的态度。怎么说呢？如果喂母乳时，母亲由于时间紧张而急着催促孩子赶紧吸奶，甚至出现不耐烦或生气的态度，那倒不如用奶瓶以温暖亲切且不急躁的态度喂奶，这样更有助于孩子安心吸取营养，促进身心健康。

（二）幼儿期的亲子沟通

在满周岁之后，大多数的幼儿会开始咿呀学语。父母会很惊喜地发现孩子几乎每天都有新学习到的语言，而且会渐渐地听到他用一个个的单字造成句子，虽然可能是不完整的句子。例如，孩子说：“妈妈，奶，喝。”但父母可以理解他的意思，此时无须纠正他说话的错误，因为那样会容易造成他的挫折，甚至没有信心尝试学习更多的词语。建议父母只需使用正确的语言即可，比如父母可以说：“你想喝牛奶，是吗？”这样孩子自然会更爱学习沟通，渐渐地表达出清楚的信息。

然而，两三岁的孩子有时表达的意思较为复杂，有时又没办法表达清楚，父母想要了解他的意思并不容易，此时倾听就显得很重要，而且要使用一种反映式倾听。所谓“反映式倾听”，即父母就像一面镜子一样，把孩子说的话或表达的感觉接收过来，然后再反映回去。例如，孩子指着脚说：“我这里痛痛！”父母可重复他的意思：“你是说你的脚痛？”或者用自己了解的意思反映说：“你的意思是走路走得脚很累，有点痛，是不是？”如此可以一方面让孩子感受到他已经被大人了解，另一方面也能够帮助他学习更清楚地表达。

反映式倾听是一种尊重孩子感觉的态度，表示愿意真诚地了解孩子字面上的意思及隐藏于背后的意思。反映式倾听也是一种技巧，父母可以依照下述的过程来练习：

专注的态度：用肢体语言表示关心孩子，以及对孩子说的话有兴趣。例如，你停下手边做的事，转身注视着他。如果自己是站着的，则要弯下腰或蹲下身，保证和孩子的眼神接触是平视的，以表现出你的专注和尊重，或者坐下来，把孩子抱到胸前或腿旁，然后倾身向前注视着他。

倾听并推测孩子的感觉：在全心聆听孩子之后，想一想孩子的感觉可能是什么——“如果我是孩子的话，我的感觉/想法是……”

陈述或澄清感觉：把自己所领会到的孩子的感觉说出来。例如：“你觉得累了，因为玩了一个下午。”或者“我们等会儿要去外婆家，所以你很高兴对吗？”当你不是那么清楚孩子的感觉时，则需要多说一些加以澄清：“你很累了，可是又不想这么早睡觉，因为爸妈都还没睡，是吗？”这种“你感到……因为……”的简单公式是反映式倾听所常用的。刚开始使用时会觉得呆板，你可以用自己平时习惯的说话方式表达这个意思，等熟练之后就可以有变化地加以灵活应用。例如，你可以说：“看你蹦蹦跳跳的，很喜欢去外婆家是吧？”或者可以说：“玩了一个下午，你累了吧？”

有时，孩子会因不顺心或不如意而表现出强烈的情绪。例如，在公园里玩了两个多小时，当父母提出回家时，孩子哭闹着说：“我不要回家！我不要回家！”此时切勿受他的情绪影响而生气，你可用反映式倾听说：“我知道你玩得很高兴，所以听到要回家感到很失望。”除此之外，你还可再加上一些说明：“可是我们现在必须回家，因为妈妈要回家做饭，改天我们再来这里玩。晚餐我做你爱吃的菜，你今天想吃什么？”对改变幼儿哭闹行为，通过有趣的声调来转移其注意力是很有效的方法。

有时，孩子可能没有明显的情绪表现，但父母却能感觉到他内在的心情，这时，父母也可以用反映式倾听。例如，孩子一会儿吵着要看电视，一会儿又把电视关了，而且走来走去，好像很难定下心。此时的反映式倾听可如此说：“看起来你好像觉得好无聊，不知道要做点什么才好，是不是？”经过父母帮助他澄清内在感受，他知道了他的这种感受叫作“无聊”，也许他就能想出一个让自己定下心来做的事。如果他一时拿不定主意，也可以进一步建议他：“要不要找张纸来画点什么？”

当父母要拒绝孩子的要求时，更可以使用反映式倾听。除了同理孩子的感受外，也显示自己坚定的态度。例如，“我知道你现在很生气，因为我不买这个玩具给你，但是家里已经有类似的玩具了（或这个玩具太贵了、不安全等）。”此时，如果孩子以哭闹的方式迫使你买给他，你愈保持心平气和愈能帮助孩子了解无理取闹是行不通的。别上了孩子的当，也许过去的经验让他学到在公众场合中哭闹要东西通常父母会投降让步。如果你想以后减少这种烦恼，并且帮助孩子学习一些限制或规矩，这时候就不要顾忌面子问题了。除了用上述的反映式倾听的语言，你还可以再加上这句话：“我现在要到别的地方去了，你要不要跟我走？”如果孩子依然哭闹且赖着不走，你可以拉着孩子的手离开商场直接回家。此时愈保持冷静愈有力量，妥协、贿赂或被孩子激怒都“后患无穷”。

有时，孩子会口出恶言，轻者如“你好讨厌！”“我恨你！”重者如“你是最可恶的爸爸！”“你是混蛋！”不管孩子是从哪里学来的，父母要教导孩子懂得尊重别人，让孩子知道对父母或别人说这种侮辱的话是不对的。此时你可以采用反映式倾听的方法这样说：“我看得出你对我很生气，你可以说，妈妈，我很生气，或我对你很生气，但是你不能说这种伤人的话。以后再说类似的话，我就会不开心（或者答应你任何要求）。”如果发生在家里，父母可以离开现场到其他房间去，或者要求孩子离开：“你现在离开客厅到房间里去，想一想你说的话，十分钟后你想回到客厅时再回来。”父母只有用心平气和的坚定的态度和语气，方能帮助孩子自省改过。

此外，幼儿期的孩子充满了对外面世界的好奇心，常会向父母提问：“这是什么？”“那是什么？”以及一大堆的“为什么”问题。此时，父母得明察孩子是否真心地想知道答案，如果孩子真是“求知若渴”，父母可以用他了解的词语回答，或者寻找相关的图书和他一起寻找答案。然而，有时候孩子是故意用一连串的问题来骚扰父母，尤其当父母在忙着自己的事而没有留意他时，他这样做的目的只是想获得父母的注意力。怎么知道孩子用此行为是想获取父母的注意力呢？其实很简单，父母只要检视一下自己内在的感受是否为：“他怎么问个没完，真麻烦！”或者是直截了当的“烦死人了”的感觉。这时候很可能就是孩子想要通过提问来骚扰父母，博取父母的注意。这种情形的处理方法有几种，父母不妨试试看哪一种方法对自家的孩子更有效，因为不同个性的孩子需要用不同的方法。父母可以用反问的方法，比如说：“那你觉得它是什么……”通常反问到第二个、第三个问题时，孩子同样地会觉得你好烦而不再跟你玩骚扰游戏了。

转移孩子的注意力也是一个方法，比如说：“嘿！我知道有一个很好听的故事，你要不要听？”如果父母真的很忙而没有时间倾听或回答孩子的问题（不管孩子提问的目的为何），可以直接对孩子说明，告诉他等一段时间再讨论，可以说：“我知道你很想知道为什么（或答案），可是我有一个重要的信要回（或正在做晚饭），你先自己去玩，等吃完晚饭后，我有时间会好好和你聊聊这个问题，记得要提醒我哟！”在和孩子说这话时，记得要采用反映式倾听中强调的肢体语言：转身、弯腰、注视等。通常，如果不是真的想找问题的答案，孩子一下子就忘了这件事。而如果晚餐后孩子仍提起这件事，父母必须遵守之前的承诺，给孩子以解答，或者跟孩子一起寻找答案。

3
如何与学龄前的孩子进行亲子沟通

三四岁的孩子活动范围由家庭延伸到幼儿园，不仅有一些学习的功课和活动，而且也开始体验到集体生活。对于他们而言，每一天都是充满新奇挑战的时光。每当由学校回到家时，他们便有许多急着想要向父母报告或询问的事情，当然也体验到比喜怒哀惧更为复杂的情绪，因此，他们更需要父母的反映式倾听。如果父母每天给予至少半小时的“亲子会心时间”，相信能帮助孩子更好地成长。这段时间可安排在晚餐后或睡觉前，父母可以与孩子有一段聊天、讲故事、唱歌等的快乐时光。然而，孩子常有不吐不快的冲动，一从幼儿园回到家，便想找个人说个没完。如果是全职妈妈，自然是很好的倾诉对象，但那时妈妈们通常正忙着准备晚餐。此时，我建议父母可以采用下面两种沟通方式，一者是如果厨房空间还宽敞，妈妈们可准备一套小桌椅，让孩子坐着一面吃点心（通常大多数孩子此时都会喊饿），一面跟你聊天。当然，做饭时很难一直去注视着孩子，这时妈妈们可以以侧耳、转身注视来表达专注的态度。二者是如果妈妈们真的忙得没时间倾听，再加上厨房重地，担心安全问题以及油烟对孩子的影响，要对孩子急切的心情稍作安抚。如：“我知道你今天在学校发生好多事（或某件事），你很想现在就告诉我。可是，我正忙着做晚饭，可不可以等我忙完，我再去找你，专心地听你说。”或者“你看看能帮上妈妈什么，能让妈妈快点把饭做完，然后听你说……比如帮忙把菜叶摘下来？”一些性子急的孩子可能难以忍受等待的时间，针对这些孩子，妈妈们可以对他说：“我知道你着急想说，如果怕忘记，你可以找张纸把想说的写下来（或画下来），等一下我有空时再好好听你说，好吗？”上述的安抚做法虽不尽如孩子的意，但大多数孩子能接受，因为父母已做了简单的同理及反映式倾听。最忌讳的反应是，对孩子热切的心泼冷水，既不转身也不回头，只顾忙着自己的事，甚至加上斥责的言语，比如“别在厨房待着，你没看到我正忙着吗？”或“我没空，你先别吵！”

关于反映式倾听的态度和技巧，跟前面所说的幼儿期的亲子沟通大致相同，只是父母要更有耐心地花时间倾听孩子的语言和非语言信息，因为这个阶段孩子的认知、情感要比以前成熟、复杂得多，而且所用的词语也丰富得多（虽然有时会用错）。这个时期的孩子仍然会有“为什么”的提问，但像幼儿期的骚扰行为会减少，而增加更多知识类的问题，因为他有想要了解外面世界的需求。然而父母并非全知全能，此时除了不断充实自己以外，最好在家中准备一些参考书籍，比如百科全书、科学工具书、实验材料包等，可以随时与孩子来一场知识性探索之旅。

学龄前儿童期的亲子沟通与幼儿期较不同的是，父母需学习运用“我的信息”及“有限度的选择”。事实上，幼儿期的沟通也可能用到，只是在这一时期会更常用到。所谓“我的信息”是指父母说话时多用“我”为主语来表达感受，例如：“我很高兴”或“我觉得十分生气”。要避免用“你”为主语来指责或压制孩子，例如：“你让我很生气”“你真没礼貌”。使用“我的信息”是用一种尊重的态度来表明自己的感受，也是鼓励孩子学习尊重别人的感觉和权利；而使用“你的信息”则有太多的批评、责备等含义，且使孩子感到自己没有价值，自尊心受伤，甚至易引发孩子的抗拒、顶嘴或充耳不闻的防卫心态。因此，在亲子沟通中，父母碰到孩子出现不当行为或孩子行为侵犯到自己权益时，除了反映式倾听之外，可以多使用“我的信息”。一般而言，使用“我的信息”有三个步骤，以下加以举例说明：

描述具体的事实，例如：“当我们要出门时，你还没有准备好。”切勿使用以偏概全之词，即使他过去经常如此。例如：“你怎么总是这么磨蹭……”

表达自己的感受，例如：“我感到生气”或“我很生气”。避免使用“你让我……”或“你惹我……”等“你的信息”之语。

说明理由或原因，例如：“因为我们大家都要等你。”或“因为你咱们出门晚了，买东西的时间就少了。”

这三个步骤可以用一个简单的公式来表达：“当……我感到……因为……”如同前述的反映式倾听公式一样，熟练之后可以创造性地灵活使用。以下再举几个参考例句：

“当我看到你动手推小表弟时，我很不高兴，因为你可能会使他跌倒受伤。”

“当你跑到街上玩时，那里车多可能会发生危险，我感到非常担

心。”（第二和第三步骤可以对调）

此外，父母还可以采用“有限度的选择”的沟通方式，不过使用“有限度的选择”必须以反映式倾听或加上“我的信息”为前提，以下举例说明：

我知道你很喜欢在客厅玩，可是玩的声音太大了，我被吵得头晕晕的。我给你两个选择，你要么安静地在客厅玩，要么去你自己的房间玩。

你在餐桌上不好好吃饭，把菜挑来挑去，我和爸爸很心烦。你要么乖乖地吃饭，要么就自己去客厅玩。

你现在用这种态度对我说话，我很难过，因为我觉得你不尊重我，我没法跟你谈。你要好好地跟我说话吗？或者我先出去，等你能情绪好一点再来找我谈这件事。

此外，父母面对学龄前的儿童会碰到两个常见的情况。一个是“老师万能”的情况。例如，孩子常会引述老师的话说“我们老师说……”或“老师说要这样……”。此时，父母不要吃老师的醋，这是正常的发展现象，说明孩子开始接收外界多元的信息。即使父母认为老师说得不对（有的可能是孩子接收的信息不完整或有误），此时也无须指出老师说得不对，要反映式倾听孩子的叙述之后，再表达自己的观点。例如，你可以说：“我了解你说的（老师说的话），不过我有一个想法（父母的看法）是……”

另一个情形是孩子抱怨老师的不公。例如，孩子不知在幼儿园发生了什么事情，回到家气呼呼地说：“我再也不上学了！我讨厌老师！”此时，父母必须按捺性子，先以反映式倾听了解孩子在学校里发生的事情经过。例如，你可以说：“看你从学校回来气鼓鼓的样子，发生了什么事情？妈妈很关心，很想知道，你能慢慢地说给我听吗？”通常，孩子开始都会说得混乱不清，需要父母不断地同理沟通和澄清其中的意思。待父母了解全盘状况后，千万不要忙着选边站，比如站在孩子这边说：“你老师怎么这样……”或者站在老师那一边说：“你别生气了！其实老师这样说也是有他的道理的……”最好的处理方式是充分运用反映式倾听，让孩子能在描述经过之后全然地倾吐出心中的不快（甚至发泄情绪）。等他平静下来后，父母再与孩子谈问题的解决之道：“现在让我们来想想以后碰到这种情形，你该怎么办？”或“有什么方法可以不再被老师处罚？”和孩子多讨论一些应对之策或解决方法，即使孩子提出不适当的方法，父母也先不要加以批评，只需引导他想一想：“这方法有效吗？”“用了这个方法的结果是什么？”经过如此的亲子讨论，孩子分析问题、解决问题的能力会得到锻炼。即使一时没有解决问题的头绪，但经由父母的反映式倾听，大多数孩子就算有委屈，也会“雨过天晴”。

4 如何与学龄期的孩子进行亲子沟通

孩子上小学了，这是家里的大事情，第一次送孩子上学，松开孩子的手，看着孩子小小的身影消失在涌入教学楼的人群中，相信很多父母都无限感慨。孩子就要踏上新的人生征途了，同样的书本，同样的老师，我的孩子会表现得怎么样呢?

小学阶段是儿童心理发展的一个重要转折时期，从这个阶段开始，学习逐渐成为孩子的主导活动。与之前在幼儿园不同，幼儿园以游戏为基本活动，到了小学，孩子就将开始有计划、有组织的学习，完成一些明确的任务，面临一个全新的完全独立的集体生活。学习和游戏相比，不但具有更大的社会性、目的性和系统性，而且从某种意义上来说具有一定的强制性。学习是孩子必须完成的社会义务，孩子对学习感兴趣，能把学习当作一件乐事自然最好；如若不能，不管是否情愿，仍旧需要完成学习任务。对于孩子来说，这无疑是个不小的挑战。学龄期孩子面临的挑战大致可以归为以下四类：

（一）生活适应

低年级的孩子由于处在学前阶段到学龄阶段的转换期，在生活作息、日常规范和人际关系等方面都有不小的改变，孩子的主要任务由“玩”变成“学”，学校老师也很难像幼儿园老师那样全天候呵护。有些幼儿园或学前班会设置幼小衔接的课程，以帮助孩子顺利过渡到小学。对于孩子此阶段的适应情况，父母要特别留意。

附1：

我的孩子可以适应学校的生活吗？

许多低年级的家长都担心孩子能否适应学校，如果你也是其中之一，那我们先来了解孩子的学校适应能力吧！请依子女的情形回答以下的问题：

生活适应

□会自己穿脱衣服、鞋、袜。

□会自己用餐。

□知道如何使用学校厕所。

□能自己整理书包。

学习适应

□了解老师的上课内容。

□会按时完成功课。

□能专心上课。

常规适应

□上课时做其他事会先经过老师允许。

□上课时不随便走动或说话。

□知道学校的相关规定。

人际适应

□会与其他同学一起玩。

□在班上有好朋友。

□会帮助其他同学。

如果以上每个主题中的选项，你的孩子一半以上都能做到，不用担心！他很快或是已经可以适应学校的生活了。

如果以上大部分选项，你的孩子都不能做到，或者孩子有下列行为，表示他还没准备好。

- 反抗上学。
- 注意力不集中。
- 上下学期间意外大小便。
- 与主要照顾者分离时严重哭闹。

如果你的孩子是将入学的新生，建议父母可以这么做：

（1）可以在开学之前，带孩子认识校园及附近环境，增加对环境的熟悉感。

（2）培养孩子专注力，帮助孩子适应一节课的时长。

（3）事先告知孩子学校的相关规定，以减少学校适应的挫折。

（4）教孩子学习使用学校的设施，如饮水机、厕所等。

如果你的孩子目前已经是低年级的学生，建议父母可以这么做：

（1）邀请同学到家中来做客，增加孩子与同学的互动机会。

（2）参与学校活动，建立良好亲师关系，并能了解孩子在学校的情形。

（3）教孩子学习简单的清洁技能，以满足学校值日等清洁需求。

（4）每天与孩子交谈，了解他在学校的适应情况。

（二）学习适应

父母对孩子都满怀希望，对孩子的要求在这个时期也忽然多了起来。与孩子相处的最初六年，相当一部分父母只要孩子健康快乐就好，并不要求孩子一定要会背多少唐诗，写多少个字。孩子喜欢的，尽量满足；孩子不喜欢的，也不强求。可是从小学开始，却完全变了样。学业必须严格要求，一旦发现成绩落后了，就连忙联系各种补习班。

小学是孩子正式接受规范教育的开始，是培养学习态度、兴趣、习惯的关键时期。少成若天性，习惯如自然。小学低年级教师对学生的学习要求会相当细致，比如：在课前要认真做好上课准备，在预备铃响时要将学习用品整齐安放在课桌指定的位置；课堂发言、提问要按规定的动作举手，肘部不能离开课桌，发言时要姿势端正，声音洪亮；讨论问题时要畅所欲言，当教师喊停的时候就必须停止，并马上坐好。这些要求看似琐碎，却是在帮助孩子学会遵守课堂秩序，保证教学活动得以正常进行。回到家里也一样，对于低年级的孩子，比起学习成绩，父母更应该关注的是孩子的学习习惯。

我们总说兴趣是最好的老师，孩子的学习兴趣从入学开始就在不断地发展变化。小学阶段总体而言，游戏因素对于学习兴趣的影响逐步减低，孩子起初对学习的过程、与学习有关的外部活动更感兴趣，之后逐渐对学习的内容产生兴趣。对于不同学科的兴趣，一般从中年级开始分化，除了对学科本身的兴趣以外，教师的教学风格等因素也是影响兴趣分化的原因之一。低年级孩子对于学习的动机往往很具体，比如：为了得高分，为了不输给同学，为了表扬或奖励等；中年级孩子渐渐形成班集体观念之后，也会有通过学习取得好成绩来为集体争光的想法；到了高年级以后，孩子才逐渐能把学习与个人前途联系起来。所以无论是要激发孩子的学习兴趣还是动机，都要根据孩子年龄特点来调整，物质奖励可不一定总管用。

附2：

如何鼓励孩子发展自己的兴趣?

学校的课业设置目的在于帮助孩子建立基本能力，而兴趣的培养可以拓展孩子的视野，增添生活的乐趣与幸福感，让孩子的生命更宽广。

如果你发现孩子有以下大部分情形时，可以多给孩子一些鼓励，孩子有你的支持，会更容易培养出自己的兴趣。

· 对某些特定事物常感到好奇。

· 愿意花时间在感兴趣的事物上学习，能以快乐或轻松的态度接触该事物。

· 对感兴趣的事物能有进一步的想法或持续深入的学习。

· 喜欢与家人或朋友谈论感兴趣的事物。

如果还不知道孩子的兴趣，可通过以下一些方式协助孩子培养兴趣：

（1）可在日常生活当中，观察及了解孩子的特质及兴趣。

（2）通过与学校老师联系，了解孩子在校的学习态度及兴趣。

（3）鼓励孩子多接触或探索新事物。

（4）当发现孩子对某些事物有好奇心时，可陪孩子一起搜寻、查阅相关信息或书籍。

（5）协助孩子在学习中获得成就感，提高学习动机及其持续性。

（6）对孩子感兴趣的事物，提供适当的表现舞台。

兴趣的培养需要长期持续地进行，家长应陪伴及鼓励孩子多方接触新事物，并协助孩子在学习中发现兴趣，在兴趣中找到学习的动力，使潜能得到发展。

学习态度是影响孩子学习效果的另一个重要因素，小学生正处于学习的初始阶段，学习态度直接关系到将来的学习与发展。这时的学习态度主要包括四个方面：

（1）对老师的态度。低年级孩子对老师怀有特殊的尊敬和依恋之情，老师的话是不可怀疑的；中高年级孩子逐渐对老师产生选择性的怀疑态度，那些对孩子公正、耐心的老师会赢得孩子的信任。孩子对老师的态度影响着孩子的学习态度。

（2）对班集体的态度。班集体是形成学生对学习的自觉负责态度的重要条件。刚刚入学的孩子还没有形成真正的班集体，在老师的组织下，孩子开始互动交往，相互关心、帮助。从中年级开始，孩子开始了比较自觉的班集体生活，开始重视班集体的舆论和评价作用，进一步提高了自己对学习和集体的责任感。

（3）对作业的态度。初入学的孩子，还未把作业看成是学习的重要组成部分，在老师的教育及家长的正确引导下，孩子逐步形成对作业自觉、负责的态度。

（4）对评分的态度。从小学开始，孩子认识到分数的意义，这对其心理发展会产生重要影响。分数是用来检验孩子近期的学习效果，反映其在某次考试中的表现的，但它并不能充分反映孩子的能力，更不能衡量孩子是不是好孩子。

良好的学习态度和习惯的养成不是一蹴而就的事情，只能在一举一动、一言一行中逐渐养成。除了老师的督促，家长的配合也非常重要，只有多方面的配合，孩子才能够养成良好的学习态度和习惯。

（三）自我意识的发展

进入小学后，新的环境、新的要求促使孩子进一步加深对自我、对他人的认识与了解。自我意识的发展过程是个体不断社会化的过程，也是个体特征逐渐形成的过程，自我意识的成熟往往标志着个性的基本形成。

（1）自我概念的发展。自我概念是人们心中对自己的总体印象，包括对自己的特征、能力、态度、信念、价值观的总体认识。自我概念是关于自己的一组概念，是描述性的，而不是评价性的。自我概念的内容分为三类，即生理自我、社会自我和心理自我。

小学低年级孩子的自我概念都很具体，对自己的认识集中在姓名、年龄、性别、身体特征等方面。到了高年级，孩子对自我的描述由身体及外部特征逐渐转向内部特征，如爱好、性格、品质等。比如，七岁小志在描述自己时会说；“我今年七岁，我叫小志，我是男孩，我喜欢火车模型，喜欢看漫画。我的数学成绩不错，我的足球也踢得很好。”十岁的安安在描述自己时说：“我是安安，我是一个女孩，我做事认真，学习成绩中等偏上。我比班上的女生要高些，我喜欢和她们一起玩，我比较热心，乐于助人。有时我会发脾气，有几个男生和女生不太喜欢我。”

自我描述可以反映孩子对自我的认识，从这个十岁女孩的回答中可以看出，她不但能通过社会比较了解自己，也能通过别人对自己的评价认识自我，了解自己的长处和短处。因此家长们可以通过让孩子回答“我是谁”一类的问题了解孩子的自我概念。

（2）自我评价的发展。自我评价能力是自我意识的主要成分，是在分析和评论自己的行为和活动的基础上形成的。幼儿阶段的孩子大多倾向于过高评价自己，随着年龄增长，孩子的自我评价趋于客观。

孩子自我评价的独立性日益增强，从顺从别人的评价发展到有一定独立见解的评价，逐步减轻对他人评价的依赖性。小学低年级儿童与学前儿童独立评价自己的能力都比较弱，老师评价在孩子发展过程中起主要作用，中年级儿童开始把自己的行为与别人的行为比较，把别人的行为当作评价自己行为的标准。

自我评价的原则逐步形成，逐渐从对自己比较笼统的评价发展到对自己个别方面或多方面行为的优缺点的评价。小学低年级儿童基本观点或原则评价自己或别人行为，他们对自己或对别人的评价是比较具体的；中年级儿童逐步能够依照道德标准来评价自己与别人的行为；高年级儿童开始出现对自己内心品质进行评价的初步倾向。

自我评价的批判性有一定程度的发展。小学低年级儿童自我评价的批判性较差，他们更容易看到自己的优点而不大容易看到自己的缺点，善于评价别人不善于评价自己。稍高年级的儿童开始能够指出自己的优点与缺点，并努力去改正自己的缺点。

总之，小学阶段的孩子在评价别人时比较清楚，而评价自己时比较模糊。他们的自我评价往往比较片面不够深刻，同时由于自我评价的原则性尚未形成，评价内容也不够稳定，容易改变，这些都是发展过程中的必经阶段。

（四）人际交往的发展

小学阶段是人际关系形成的重要阶段。进入小学以后，孩子逐渐意识到自己在家和学校的地位、与周围人的关系都发生了很大的变化。

（1）与父母关系

父母与孩子待在一起的时间减少，比如和孩子一起阅读、一起游戏的时间较幼儿时期大大缩减，孩子在生活中越来越多地自己做出决策。麦克斯白（Macceby）提出过亲子关系发生变化的三阶段，孩子六岁以前由父母控制，大部分重要决定由父母做出；六至十二岁亲子共同控制，父母主要负责在一定距离里监督和引导孩子的行为，有效地利用与孩子直接交流的时间，加强孩子的自我监督行为并使孩子了解何时寻求父母的帮助；十二岁以上主要由孩子控制，孩子要学会自己做出更多的决定。孩子到了小学，人际交往逐渐丰富起来，与同伴的交往也明显增多，与父母的关系从依赖开始走向自主，从对成人权威的完全信服到开始表现富有批判性的怀疑和思考，但小学儿童与父母仍然保持着亲密的关系，他们对父母仍然怀有深厚的依恋的感情。与父母的关系在其发展上仍起着重要的作用。

（2）与同伴关系

与幼儿相比，小学儿童的相互交往频率更高，共同参加的社会性活动也进一步增加。如果问孩子“什么是朋友”“你为什么要交朋友”“你喜欢和什么样的人成为朋友”，这些关于友谊的问题，你会发现不同年龄段的儿童会有不同的答案。幼儿时期，孩子眼中的朋友是游戏伙伴，因为可以一起玩，或是家庭住址很接近，自然就成了朋友；到了小学，孩子的友谊概念则强调共同的价值观和品位，比如喜欢同一个明星；等到十二岁左右，孩子认为友谊可以提供相互交流小秘密的机会，可以彼此分享情感与思想。友谊是和亲近的同伴、同学等建立起来的特殊亲密关系，对儿童的发展有重要影响，它提供了儿童相互学习社会技能、交往、合作和自我控制的机会，提供了儿童体验情绪和进行认知活动的源泉，为以后的人际关系提供了重要基础。

（3）与老师关系

老师是教育活动的主导者，学生作为受教育者，与老师合作既是教学活动的要求,也是学生满足求知欲的要求。师生关系影响教与学的积极性，影响课堂教学气氛，影响学生学业成绩和个性社会化的发展。我国教育环境与传统文化要求学生尊敬老师，家长也格外关注子女与老师的关系。这使得低年级儿童认为老师是可亲的，愿意与老师交往，并期望从老师那里获得更多关爱。随着年级的升高、同伴关系在儿童人际交往中地位提升，儿童的自我意识和独立性增强，他们对老师的依赖性越来越小，逐渐从对老师的依赖中走出来，寻找和满足自己的交往需要。

随着生活场景的增加，孩子的视野也随之变得更开阔。父母会发现孩子变得更有自己的想法了，而且越来越不喜欢父母唠叨。因此，父母得谨记在心里的一句提醒就是："你说得越多，孩子听得越少。"父母不仅需要观察孩子的言行和举止，还要以尊重和平等的态度来倾听和同理孩子。父母只要抓住要领，并加以灵活运用，定能拥有良好的亲子沟通。

现在我们以孩子对父母说"同学都不喜欢我"为例，来说明这一阶段的沟通技巧，父母可参考并视情况灵活调整。

（1）肢体语言的表达。如眼神注视、上身向前倾、拥抱、点头等。

（2）重述孩子的话。如："同学都不喜欢你？"（重述通常以问号收尾）或者"不喜欢你？"（只重述几个关键词）

（3）用自己了解的意思，猜测和修改孩子的话。如："你的意思是有人不理你？"或者"你觉得你在学校没有朋友？"

（4）请孩子说明经过。如："发生什么事了？"或"你是怎么知道同学不喜欢你的？"

（5）引导孩子继续说。如："然后呢？""你可不可以说得更清楚一点儿？”同时，在孩子叙述的过程中，可以给予一些简单的反应，如“嗯”或“我知道了”等。

（6）帮助孩子整理所说的。在孩子说了一大堆话后，抓住重点说：“你是说和其他两个同学一起做实验，他们都不听你的意见，而且还笑你。然后呢？”（再继续引导）

在运用反映式倾听的技巧时，有一个重要的精神就是同理心。所谓“同理心”是父母假设自己如果是孩子的话，试着“感同身受”他的想法及感受。下面以孩子放学回家，向父母报告说“今天在学校被老师处罚”的情形为例，来说明运用同理心的三个步骤：

（1）反映孩子的想法或感受。如说：“你被老师处罚了，看起来很难过的样子？”或“你感到很丢脸？”此时不要一直追问“为什么”或下判断“你一定做错了什么”。

（2）接纳孩子的想法或感受。如说：“我了解你的难过……”“我知道你感到很丢脸……”接纳并不表示赞同，父母可以不认同孩子的行为，但无须批评孩子个人。比如“你这不是自找的吗！”或“你该被处罚！”

（3）与孩子讨论改进的方法。这个步骤要放在最后，尤其要让孩子倾诉完毕或情绪平稳之后。比如说：“你想一想有什么方法不再被处罚？”或“让我们一起想想，有什么方法可以进步？”此时是与孩子讨论一些问题解决的方法和可能的结果的最佳时机。

对于学龄期的儿童来说，“我的信息”仍然是重要的沟通方式。不过，除了前述学龄前儿童期的三步骤：描述具体事实、表达自己感受及说明理由或原因之外，还可以加上第四个步骤，表达希望或期待。例如："我希望你能打电话告诉我有事会晚点回家。"或"如果你能在十点以前做完功课，我会很高兴！"

此外，面对这个时期的孩子，若父母仍沿用学龄前儿童期使用的"有限度选择"的方法，也许并不能取得预期的效果，因为对这个阶段的孩子来说，父母提供的两三个选择可能无法让他满意，他可能有其他不同的想法或感觉。所以，父母必须把"有限度选择"转变为更开放式的沟通。例如，你可以说："你有什么想法吗？"或"你的感觉是……"或"除了我提议的，你有不同的意见吗？"如果孩子的表达适当，父母自然欣喜孩子长大懂事；如果表达不当，也不必心急，因为只要让孩子有表达意见的机会，孩子也会乐于与父母分享想法。这不正是他学习将来如何与别人相处的重要方法吗？

有些父母读到这里，觉得自己在亲子沟通上做得不对，甚至自责过去做得不好。事实上，即使父母接受过亲子教育训练，仍然会对孩子发脾气，仍然会有与孩子沟通不良的时候。因为，我们是人，而人都会犯错。正因为父母也会犯错，且犯错后有所改变和进步，才会让孩子更喜欢亲近父母和爱父母，这才是人的求真向善的本性，也是孩子学习的榜样。

父母要有勇气承认和接纳自己的不完美，并且鼓励自己从今天起，在亲子沟通上立下爱的心志，并采取爱的行动！

5

五个策略增进你与青春期子女的亲子沟通

孩子小的时候，父母都盼着孩子早一点长大，等到孩子一天天地长大了，父母的压力并没有减少，反而增加了。父母总觉得孩子越大越不听话，孩子也觉得委屈，因为从前自己的要求总是很容易得到满足，而现在爸爸妈妈根本不理解自己。

面对准备进入青春期的孩子，家长如何帮孩子度过这个成长的关键期呢？他们的身材、言行与穿着是否有了明显的改变？你是否开始担心孩子长不高？会不会交到坏朋友？还是觉得孩子与你之间的距离越来越远，无话可谈？或许你也可能因为孩子对电脑游戏沉迷、无法容忍挫折而感到担心？相信这许多的问题都是青春期孩子的家长想了解的议题。

孩子在初中阶段生理发育十分迅速，在两三年内能够完成身体各方面的生长发育任务，并达到成熟水平。但其心理发展的速度相对缓慢，处于从幼稚向成熟发展的过渡时期，这种生理和心理的不平衡状态就引发了心理上的种种矛盾。其特点主要表现为两个方面：

（1）生理变化对心理活动的冲击。身体外形的变化，使年纪尚轻的孩子产生了成人感，于是在心理上也希望摆脱童年，进入成人世界。他们希望摆脱小孩子的形象，扮演一种全新的社会角色，获得周围人不一样的评价……在这样的追求中，他们往往感到困惑。此外，由于性的成熟，孩子开始对异性产生好奇和兴趣，但公开表达又不被成人允许，这令他们体会到一种强烈的冲击和压抑。

（2）心理上的成人感与幼稚性的矛盾。青春期的孩子心理特点是半成熟半幼稚的，由于其身体的快速发育以及性的成熟，他们的情感表达方式，对人、事、物的态度都发生了明显的变化，他们渴望被成人世界尊重、接纳。不过，受其认知能力、思想方式、人格特点以及社会经验的限制，他们的心理不可能完全摆脱幼稚性。这种矛盾和冲突主要有五种表现：反抗性与依赖性，封闭性与开放性，勇敢与怯懦，高傲与自卑，对童年的否定与眷恋共存。

附：

我的孩子好像进入叛逆期了

孩子进入高年级，对于事情比较有自己的想法，有时也觉得孩子变得爱发脾气、常顶嘴，难道是孩子进入青春期了吗？就让我们来做个测验，了解孩子在青春期可能的行为改变。

□ 衣着打扮喜欢标新立异、跟随潮流。

□ 容易被激怒，情绪变化极端，爱吹牛、沮丧。

□ 不喜欢大人问东问西，容易感到厌烦，态度很无礼。

□ 常觉得长辈过度的关怀、叮咛很烦人、啰唆。

□ 同伴说的话比父母说的话还重要。

□ 作息改变，常常上网和同学、网友聊天，有时甚至会晚回家。

□ 容易受到朋友的煽动、冲动行事。

□ 偷偷做不被允许的事，如：抽烟、上网吧等。

如果你的孩子有以上的行为变化，不要一味苛责或要求，可以尝试以下做法：

（1）家长应了解进入青春期的孩子，体内的激素分泌可能会影响孩子的行为。

（2）当亲子间出现不同意见与想法时，应引导孩子表达他的想法。

（3）当孩子有特别的行为反应时，不要急着论断或批判他。

（4）可从孩子的朋友、老师处了解孩子的改变，而改变不一定是变坏。

（5）当孩子为了得到同伴的认同而有所改变，要包容他，并协助他。

（6）亲子互动关系若出现困境时，可寻求资源协助，例如：孩子熟悉的长辈、学校老师、家庭教育中心的咨询专线等。

请记住：大人的权威是沟通的最大障碍，了解与尊重是与孩子沟通的快捷方式。

在很多家庭中，青春期的孩子不愿把真正的感觉告诉父母，不管是自己心中的想法，或者是过去的经验。他们认为跟父母说，是没有用的，也是不安全的，而且通常只会换来父母的忽视、嘲笑或指责等负面结果，这种情形发展下去会使父母失去许多原本可以帮助子女成长的机会。因此，父母如何增进与青春期子女的亲子沟通至关重要，以下有五个基本原则提供给父母参考：

（一）接纳孩子心声

（1）表达接纳的态度。当一个人能感觉到被另一个人真正地接纳和理解时，他就具有帮助别人的能力。很多父母都认为如果接纳孩子的行为，他就会依然故我，因此他们认为帮助一个孩子最好的方法就是告诉他，自己不能接纳他这样的行为，这样他将来才会变得更好。因此，大多数父母都是采取“不接纳”的方式来面对子女，以评估、判断、批评、教训、命令的方式来传达信息，让孩子知道自己是不被接纳的。这种“不接纳”的方式使孩子不再跟父母谈心，而常是自己独自去面对问题。

若父母通过自己的语言向孩子表达“接纳”的感觉，可以使孩子接纳并喜欢自己，帮助子女成长、发挥潜能，从而协助孩子去解决自己的问题，给予他支持和力量，帮助他克服青春期的一些痛苦与失望。而“接纳”的重点是一定要表示出来，让孩子感受到真正被接纳。接纳是属于被动的，所以父母更要借由主动的沟通或表达才能让孩子感受到。

（2）以身体语言表达接纳。是指经由姿势、手势、面部表情或其他动作来表达。

可以用“不干涉”来表达接纳。当孩子从事自己的活动，父母不轻易干涉，会让子女感觉到“我现在做的事是对的”“我玩游戏是被允许的”“父母接纳我正在做的事”。而一些父母常会闯入孩子的房间、检查孩子的物品等，这无形中已干涉到了孩子的活动，并传达出“我不接纳你”的信息。这些会引起孩子的不安、恐惧与焦虑。

也可以用“沉默的倾听”表达接纳。有时候什么都不说也是一种清楚表示接纳的方法。心理辅导人员经常会采用这个方法，因为有人肯听你说话是一种很美妙的体验，这会让人觉得自己是被接纳的。所以什么都不说跟什么都不做是一样的，是表达接纳的一种方式，而这种接纳有助于孩子的成长与改变。

（3）以语言表达接纳。父母与子女在互动上当然不能全然保持沉默，语言的沟通也十分重要。在下文的积极倾听、“我的信息”、鼓励等亲子沟通方式中我将进一步说明。

（二）积极倾听

传统父母总是习惯用说教、指挥、命令、威胁等方法来教育子女，因此要父母扮演积极倾听的角色并不容易，而积极倾听可以减少孩子“被否定”的恐惧，这种方式代表了关爱。愿意积极倾听的父母会让孩子心里感受到一种全新的尊重与关爱，使孩子对父母产生亲密的感觉，因而也会相应地对父母表达出类似的感情。因为父母肯倾听孩子的心声，孩子当然也愿意聆听父母的看法。除此之外，积极倾听可以帮助孩子分析问题，孩子会因不断的倾诉而逐步分析自己的问题，最后找出建设性的解决方法，进而变得较自主、负责和独立。

当孩子透露他的心声时，父母要听得出孩子是不是遭遇到困难了。每个孩子在生活中都会遭遇到困难、失望、挫折与痛苦，如与朋友、手足、父母、老师、环境之间的问题，或是自己本身的问题。在解决这些问题时若能得到父母的帮助，孩子就会拥有健康的心理，获得更多的力量与信心。

父母在倾听孩子说话时，一定要察觉他的问题。但有一个重要的原则是“问题所有权”，即辨别问题到底是属于谁的。亲子关系中常会出现三种情况：

（1）孩子的问题。孩子的需要未能获得满足，但这不是父母的问题，因为孩子的行为已干扰到父母需要的满足。

（2）父母和孩子都没问题。孩子满足了他的需要，而他的行为也并未干扰到父母的需要。

（3）父母的问题。孩子满足了自己的需要，但他的行为干扰了父母的需要。

积极倾听在“问题属于孩子”的情境下最有效，在“问题属于父母”的情境下却无能为力。大多数父母习惯把孩子的问题揽在自己身上，给自己带来不必要的压力，不仅破坏他们与子女的关系，也失去了许多帮助孩子的机会。唯有当父母接纳“问题是孩子的”观念后，才能够训练孩子自己去解决问题。

有时孩子也知道一些情况不能改变，但是因为有人接纳他、了解他，就能帮助他消除那种不安的感觉。

父母要等到严重的问题出现时才去积极倾听吗？还是在孩子有一些小问题时便开始注意？孩子每天都会传递信息给父母，诉说他们遇到难题的感觉。父母在这种情况下提出任何保证都是无效的，只有积极倾听才能解决问题。

孩子要的是父母体会与了解他的感觉。许多父母抱怨他们的孩子不跟他们讨论心中的问题，其实孩子会以试探和犹疑的口吻提出问题来，只是这种心意常被父母的习惯性反应（如训诫、说教、讽刺等）打消了。

我们来看看运用积极倾听时，父母常犯的错误有哪些：

（1）经由指导来“操纵”孩子。有些父母使用积极倾听会失败，是因为他们内心有想要操纵孩子的企图，希望孩子照他们所要求的去做。例如，有的父母假借倾听之名，想达到要孩子用功读书的目的，结果孩子在感到威胁之余，不但不会领情，反而会表现出防卫的姿态。因为，孩子会很快察觉到父母操纵他的企图，认为父母想改造他，虽然父母不是直接控制，但是已使孩子的独立性受到威胁。

（2）打开门后又关上。有些父母打开积极倾听之门后，随即又关上，因为他们没耐心听孩子把话说完，或是不认同孩子的看法。

（3）缺乏共鸣地倾听。父母积极倾听的同时，一定要以关爱与同理心来听，也就是要和孩子产生共鸣，因为我们在说话时都希望别人明白自己的感觉。孩子是特别敏感的，当他们和父母沟通时，渴望父母的共鸣，否则他们就会认为父母不了解他们的感觉。

（4）积极倾听的时间不对。当孩子不愿谈他们的感觉时，就算父母肯洗耳恭听也是白费。父母应该尊重孩子，等他愿意说的时候再倾听，而非强迫他立刻说。倾听只是帮助孩子跨出解决问题的第一步，让他把感觉说出来，让问题具体化，父母不必操之过急。

（三）运用“我的信息”

在亲子沟通中，我强调父母宜多用“我觉得……”“我感到……”“我认为……”等语句表达，但许多父母急于运用或用得不当，往往没有达到预期的效果。因此，以下提出几个运用“我的信息”时要注意的地方：

（1）伪装成“你的信息”。许多父母虽然在和孩子沟通时，也记得使用“我的信息”的表达方式，但很多时候其中还是隐含了“你的信息”在里面。例如，一位父亲会对孩子说：“以修剪草坪这件事来说吧，每次你偷懒，我就觉得生气。”其实，这位父亲说“每次你偷懒”，跟直接骂“你是懒鬼”是没有两样的。

（2）别强调消极的感觉。当父母在发出“我的信息”时还常犯一个错误，就是忘了“我的信息”是要表达“积极”的感觉，很多父母在表达时往往会传达出一种“消极”的感觉。

（3）反应太过温和。有些父母不会将一些自己心中觉得严重且强烈的真正感觉放进“我的信息”中。其实这些真正严重的是必须要真实传达的，这样孩子才可能感到冲击，才可能改变行为。

（4）反应太过激烈。有些父母在刚学会“我的信息”后，就急着去面对他们的子女，结果他们的情绪像火山爆发一样，一发不可收拾。很多父母误以为“我的信息”是用来发泄他们对子女的不满的，结果反而伤害到孩子，让他觉得有罪恶感、父母在责备他。通常“愤怒”的父母会用“愤怒”的表现来教训孩子，所以生气常会变成“你的信息”，带着责备和批评。

（四）给予适当鼓励

青少年的父母总希望能够帮助他们的子女建立自信，使其养成积极思考的习惯，学会对自己的行为负责。自信心的建立，来自自我的成就与别人的赞美和鼓励。许多父母吝于或疏于给孩子适当的鼓励，特别是在沟通的过程中，要求过多，苛责多于赞许。其实，只要适当地把握“鼓励”的原则，亲子沟通的结果多半能趋于一个积极、正面的行为导向，使亲子之间的关系更和谐。以下是几个重要原则：

（1）对孩子有信心。青少年需要大人的指导是天经地义的，一旦指导原则确定且互相同意后，父母应要求孩子有遵守约定的诚意，而且相信他们会去遵守（信任他们）。也就是父母对孩子要有正面的期望，不要认为他做不到，也不应要求他做到完美。

（2）建立孩子的自尊心。不要把它拿来和其他兄弟姐妹或他的朋友进行比较，每一个人都是独立的个体，给子女选择做自己的权利。经常拿他来和别人比，尤其是跟比他表现好的孩子比较，这跟当别人面打他的耳光没什么两样，不仅会伤到孩子的自尊心，而且容易让他放弃努力。

（3）肯定孩子的努力和进步。没有人天生是完美的，只要青春期的孩子有一点点进步和努力，父母都应该鼓励他们。鼓励是在强调过程（努力、行动、前进），而不是强调结果（成就、得失、荣耀）。找出孩子最感兴趣的事物，鼓励他发展实际的目标，以孩子的能力范围为标准。要求过高常会导致孩子出现反抗或退缩的反应。

（4）集中注意力于他的优点和潜力。不要盯着孩子的错误指责，多为他的优点和能力加油，帮助他找到属于自己的潜能。每个人不同的特质造就他存在的意义，在他表现不好的项目上给予鼓励，在他表现好的项目上肯定其长处，真诚地告诉他：“你做得很好！”如果要给孩子提意见，也要先说孩子做得好的方面，一次谈话中80%说优点，20%提建议。

（5）接纳孩子犯错的可能。在学习的过程中，犯错是在所难免的，而青少年正处在尝试不同角色，以达到“自我认同”的阶段。父母接纳孩子，与孩子一起讨论，一同在这个过程中学习，找出犯错的原因和可能改进的方法，这样才能帮助孩子在面对错误时自行修正。另外，父母别忘记对他说：“我们一直在这里给你支持和力量！”

（五）制定规范

在生活的竞赛中，父母是教练，孩子是球员，共同制订一套彼此都能接纳的“游戏规则”是制胜的保证。

（1）制订规范。做父母最大的挑战，便是制订家中的规矩。为维持家中的纪律，许多父母会把它和惩罚画上等号，但规范必须是帮助孩子步入成熟和独立的规范，是协助他发现和纠正错误的过程，让孩子知道如何自己做决定，学会自动自发地对自己的行为负责。规范，是与孩子平等讨论而建立的协议，通过双方对此协议的尊重和遵守，让孩子学会自我规范，走向对自己行为负责的成熟且独立的坦途。

（2）学着改变自己。这是规范制订之前要具备的主要条件。因为一个人不可能“决定”任何一个人的思想或行为，能决定的只有自己的改变。所以，想受到孩子的尊重，先要尊重孩子。制订规范前，要让孩子了解你想解决的问题、相互沟通的诚意。你们是平等的个体，青少年不再是小孩子，他们拥有自己的意见，有其独立思考的模式。父母要真正尊重他，他才可能对父母产生自发性的尊重。

（3）制订协议规范的步骤。

①澄清问题。父母与子女将彼此对问题的看法提出来，强调的是事

实陈述，而不是情绪反应。换言之，就是要就事论事，不要借题发挥。

②头脑风暴、角色扮演。开诚布公地与对方交换问题解决方法的建议。这时，一个好方法是“角色扮演”，鼓励双方互换角色，父母去体会子女表达的意见，子女也设身处地地去感受父母的想法和考虑，可以说对方的台词，互相问对方：“如果你是我，会怎么处理？”找出各种解决分歧和问题的可能方法。

③选择最好的方案。借由上面各种解决方法的讨论，对各种建议做评价，在双方都能接纳的前提下，选择一个最好的。

④规范制订后，最重要的是共同遵守的诚意，使规范成为“非强迫”性自发行为的动力，如此规范才能持久。当然，亲子之间也需要互相给一段适应时间，定期做评估，使规范切合实际环境和需要。父母的身教重于一切，父母一定要以身作则，双亲的标准也需一致，以免孩子无所适从。

6

稳住，我们能赢

其实在每个家庭中经常都会出现父母的需求与孩子的需求产生冲突的情形，这些问题不全是父母的原因，也不全是子女的问题，我们只能说是“亲子关系有了问题”。

“冲突”是人际关系健康的试金石，也是一种可以增强或削弱关系的转机，它可以使彼此距离变得更远或更近。大多数父母都无法接纳“冲突是生活的一部分”这个事实。把家庭中的冲突当成是自然现象，对孩子而言是较为健康的，孩子可以学习如何化解它，当作处理生活中其他冲突的借鉴。

大部分父母认为，解决亲子间的冲突，不过是谁输谁赢的问题，于是管教不是过于严格，便是过于宽大。这种态度，是因为父母认为冲突是一场权利的斗争。而相对的，孩子也会认为他们与父母之间的关系是一场输赢之争……

如今，不少父母面临亲子冲突时，只想到两种解决策略。

第一种策略：父母占上风。当父母与子女有了冲突后，由父母决定解决策略是什么，然后宣布出来，希望孩子接受。如果孩子不喜欢，父母会想尽办法说服其接受；若说服失败，便会用权威来迫使子女顺从。

第二种策略：孩子占上风。当冲突发生时，父母也许还没想到解决策略，或是想说服子女接受自己的方法时，子女反而有自己的主张，想劝服父母接纳。如果父母抗拒，孩子也会使用各种策略逼迫父母屈服。

然而，这两种策略并不能真正解决冲突，即使冲突后双方表面上或暂时维持一段时间的相安无事，但矛盾却延长或暗藏了下去，这只会给双方带来一场更大的冲突。如果父母真的是如自己常说的“为了孩子的将来着想”，就必须学习一种“双赢”的策略来解决亲子冲突。因为，唯有这个策略才能防范孩子误入歧途，才能帮助孩子成长得更好。

上述解决亲子间冲突的策略，总有一方是输家，要么孩子输，要么父母输。二者都无法有效地解决问题。当父母知道除了上述两种策略外还有第三种策略时，都不禁松了口气。

双赢策略经常使用在拥有平等或相当权利的两个人之间。当两个人有同等权利时，他们绝不会用第一种策略，因为他们无法控制对方，也无法因此而化解冲突。

双赢策略在不同的家庭中有不同的用法，但它的原则是寻求一个亲子双方都能接纳的解决方法。

那么，双赢策略为什么会有效呢？原因有这么几个：

（1）可以引起孩子的实践动机。使用双赢策略并不一定保证孩子会立刻去实行双方同意的方法，但是会增加他尽快去做的可能性。孩子会认为这是他的决定，他有责任去兑现自己的承诺。此外，他认为父母没有用权威来强迫他，而是尊重他的意愿。

（2）有机会去寻找高质量的解决方案。使用双赢策略会产生较有创意、较有效的解决之道，因为它是由父母与子女共同想出来的，集思广益、从不同的角度权衡双方的需求，结果自然比单由某一方决定的方法更有创造性。

(3) 可以发展孩子的思考能力。双赢策略鼓励孩子去想办法，所以也是一种心智的训练，是一项挑战。在这种训练下的孩子比起在第一种、第二种策略家庭中长大的孩子，有较高的心智能力、思考能力。

(4) 更少的对立，更多的理解。当父母与孩子一起想办法时，他们往往会处于一种更深的关爱和温情中。因为双方都要考虑对方的需要、尊重对方，从而拉近亲子间的距离。

(5) 能找到真正的问题所在。当父母使用第一种策略（也就是自己要赢）的时候，他们很难发现真正困扰孩子的问题是什么。因为使用权威的结果，往往阻断了沟通的渠道，让父母没有机会去探讨真正的问题出在哪里。而双赢策略可以让孩子表达他真正的感觉，让父母和孩子在相互沟通中，把真正的问题给挖掘出来。

(6) 把孩子当成和你平等的人来看待。双赢策略使孩子能够感受到父母信任他，愿意平等地对待他，孩子具备一定的自主性，不用像机器那样按照命令执行。

(7) 双赢策略是一种行为改变技术。双赢策略会使孩子真正改变，这种改变不只是表面的，更是内在的。而且，使用双赢策略后，父母会发现孩子的人际关系也改善了，他的表达方法变得更加坦诚，个性也变得更加独立和自信。

（一）双赢策略的解疑

在经过一些实际经验后，双赢策略的效果被许多父母肯定，但是有一些父母还是对它存有疑惑，以下就一些常见的疑问加以说明：

（1）双赢策略只是旧时家庭会议的翻版吗？

有些排斥双赢策略的家长认为，这只是以前他们用在自己身上老套的“家庭会议”，都是以父母为中心的，目的是教导或教训子女。然而，双赢策略是一种解决冲突的方法，它并不是用来教训子女的，也没有所谓的“主导者”身份。参与的父母和子女是平等的，大家一起来解决问题。

（2）使用双赢策略意味着向孩子“屈服”吗？

有些父母会以为使用双赢策略等于向孩子投降或让步。其实它跟让孩子赢的策略是不同的，如果父母觉得自己是向孩子投降，那使用的仍然是第二种策略。

也有不少父母把双赢策略看成是妥协，他们得到的较少，而必须对孩子让步。双赢策略是一种妥协没错，但绝不是以放弃父母的需求来跟孩子妥协。采用此种策略不见得人人满意，但至少不会引起愤怒和怨恨。何况孩子会认为这种解决方法是他同意的，万一没达到他的要求，也不会归咎于父母。

（3）人多较难达成协议吗？

我们常有一种似是而非的观念，就是人多嘴杂，难以达成协议。这种观念盛行是因为大部分人少有机会来参与决定，终其一生，经常被别人牵着走。小时候，父母以第一种策略来控制孩子，长大后孩子又听命于其他的权威。其实只要父母肯给孩子机会，愿意去尝试找到有创意、相互可以接纳的解决办法，人多一样可以达成协议。

(4)双赢策略费时太久吗?

双赢策略确实较费时，但要花多少时间，还要看问题的性质和父母子女寻找方法的意愿。不过长远来看，双赢策略最大的好处反而在于省时省力，与其压制一方心不甘情不愿地屈从，不如讨论双赢策略，因为很多时候它能将冲突从根本上化解。

(5)父母若够聪明，使用第一种策略不是很好吗?

谁能否认家长无论是经验、资源还是解决方法比孩子要多呢?然而当家长们回想一下，小时候每当自己的父母用第一种策略来控制自己时，自己会觉得父母比较伟大吗?答案是否定的。父母会比较聪明吗?父母确实有不少宝贵的经验和智慧，但不一定适合孩子的需要。尤其是处在青春期的孩子，这个阶段的孩子已经有了相当成熟的认知，虽然不一定符合常规，但若是父母对他们的想法一再压制，孩子没有从父母身上学过妥协，一味地服从反而会刺激青春期的孩子，导致亲子间对立冲突的升级。

(6)会失去孩子的“尊敬”吗?

有些父母，尤其是父亲，很担心使用双赢策略会失去孩子对他们的尊敬。很多父母提到尊敬时，其实指的是“尊敬权威”。换言之，是“害怕”，担心孩子不“怕”他们，不肯服从他们。不过静下心来想一想，我们尊重一个人，是因为那人表现出的能力或学识，才会“赢得”我们的尊敬。同样的，大多数父母知道他们不能“强迫”孩子尊敬，只能“赢得”孩子的尊敬。

（二）实施双赢策略的要领

一般而言，实施双赢策略有以下六个步骤：

第一步，认识并界定冲突。当父母要孩子参与解决问题时，首先要让他注意到问题的存在，并愿意来解决问题。所以父母要留心下面这些状况，才能使解决问题的过程更顺利。

（1）选孩子不忙或不外出的时间，孩子才不会因被打断或受到干扰而反抗或生气。

（2）清楚明确地告诉孩子问题是什么，不要用试探性的话语做开场。

（3）依照自己实际的感觉告诉孩子，换言之，以“我的信息”方式表达。

（4）避免传达“限制”或“责备”的信息。

（5）清楚地表示要“一起”找出两全其美的办法，重点是让孩子感受到父母是真心诚意的。

第二步，归纳出各种解决方法。注意下列几点：

（1）先让孩子提出解决办法，父母的办法稍后提出。

（2）不要评价、判断或轻视孩子提出来的任何方法，此时完全接纳孩子所有的意见。

（3）在孩子提出方法前，不要说什么是不能接纳的。

（4）若孩子没提出意见，可以给孩子一点时间让孩子想一想，鼓励他提出自己的想法。

（5）要让大家提出所有可能的办法，直到没有新方法提出为止。

第三步，评估各种解决方法。在这个阶段，父母可以说“我们来一起分析分析，什么是我们所需要的。”在选择时，父母一定要诚实面对自己的感受。

第四步，选择和决定最好的解决方法。有以下几点需要注意：

（1）不断问孩子：“这个方法你觉得可行吗？”“你认为这样可以解决我们的问题吗？”

（2）最后达成的约定要坚持执行，但也不是完全不能改变的。

（3）如果解决方法比较复杂，不妨写下来，以免忘记。

（4）让大家明白每个人都有责任去完成它：“这是我们都同意的，我们就得遵守。”

第五步，实行解决的方法。通常达成协议之后还需拟定细则以便于付诸行动。父母应和孩子讨论：“什么时候、谁，该做些什么？”“我们什么时候开始履行约定？”“如果一方未按约定执行，另一方要怎么做？”而这些该“如何实行”的问题，最好等到大家都完全同意最终的决定以后再来集中讨论。

第六步，评估解决方法的效果。不一定所有的决定都会有好的结果，父母要不时询问孩子对这个决定是否满意。孩子有时对自己的能力认识不足，常会做出一个事后很难实行的决定，父母有时也会发觉很难信守某个承诺，因为在实行协议的过程中，会发生很多当时没有料到的事情。所以，在实行解决方法后，父母和孩子要及时评估方法的效果，以便决定是否需要调整。

（三）亲子冲突的预防

父母若能改变自身的态度，可以预防许多亲子间冲突的发生。这个观念之所以放在最后才提，是因为当父母知道要改变的不只是孩子，他们自己也要做出改变时，多少会感到压力。父母大都能接纳以新的策略来改变他们的子女或改变环境，但很少有父母能接受自己需要改变的观念。父母总认为在教育孩子的过程中产生的问题，皆起因于子女而非父母。其实父母若愿意，会发现自我改变并不如想象中的困难，而且也更容易用建设性的方法改善家庭互动方式。

（1）父母应接纳自己

研究显示，一个人对自己的接纳程度跟对别人接纳的程度是息息相关的。一个愈能接纳自己的人，也愈能接纳别人；不能忍受自己缺点的人，往往对别人总是吹毛求疵。对自己满意、自尊心较强的父母，较能尊重他们的孩子；反之，对自己不满意、自尊心较弱的父母，往往依赖别人对他们孩子的评价来获得满足，特别在意孩子表现的行为是否会让别人觉得他们是差劲的父母。

许多父母找不到提升自己自尊和价值的其他来源，把希望寄托在孩子身上，把孩子当成是自我实现的工具。因此，父母必须先肯定自己、接纳自己，进而才能肯定和接纳孩子。

（2）让孩子拥有自主

许多父母企图把孩子塑造成他们想要的样子，理由是：“他们是我的孩子。”或辩称：“难道父母无权管孩子吗？”

父母如果认定孩子是他们的财产，以为自己能够随心所欲地塑造孩子，那么失望懊恼是必然的。父母应谨记：“你创造了一个生命，现在让孩子拥有这个生命，并让他自己决定如何创造你所赋予的生命。”父母若不把孩子视为“属于”自己的，就可以修正自己的态度，减少许多曾经的不接纳。

（3）真心喜欢孩子

许多父母口口声声说他们喜欢孩子，但他们的行为显示他们只是喜欢某些类型的孩子，比如听话、乖巧、成绩好、嘴特别甜的孩子。如果父母认同每个孩子都有自己的个性的话，那么孩子的很多行为父母就能接纳了。

（4）真理并非只有一个

当年纪渐长，我们会发现自己的经验和学识并不能让我们绝对地评估什么是真理。虽说“经验是好老师”没错，但它不见得能教人们判断是非。经常跟子女发生冲突的父母，往往对于孰是孰非或对错判断相当执着。因此，愈固执己见的父母，愈想要把自己的意见强加到子女身上；而愈有弹性的父母，愈容易调整自己，也更容易接纳子女。

7

青少年常见问题的应对原则

青少年由于认知、情感和行为尚处在发展中，在这个阶段常会遭遇一些生活、学习上的问题。在谈到孩子的问题之前，父母要学习接纳自己和孩子的“不完美”，并且给孩子和自己“在错误中学习”的机会。让自己成为孩子这一段走走停停的生命旅程中的一盏明灯，以诚心、关心、爱心陪伴他，但不必背着他走，或逼着他走，甚至想要替他走。这是属于他自己的路，让他学习对自己的人生负责。有时孩子的叛逆行为会惹你生气、动怒甚至伤心不已，其实青春期孩子反叛的不是父母，而是要对抗父母等权威手中的权力，认识到了这一点，你就会发现即使孩子处在叛逆期，我们也并非无能为力。

孩子需要的只是父母适时的指导和鼓励。万一孩子误入歧途，父母千万不可轻言放弃，因为父母是子女最起始，也是最重要的人生支柱。下面几类问题在青少年成长过程中很常见，我们来谈谈作为父母我们有哪些应对原则。

（一）交友问题

青春期是孩子学习独立自主的一个重要时期。这个时期的孩子对于寻求来自父母的价值规范之外的价值参考体系更感兴趣，他们要丰富自己的成长经验，探索人格发展方向。孩子的视野宽了，接触社会的面也广了，他们会出现在自己从来没有去过的地方，会遇到从来没有遇到的问题。这时，朋友是最直接的分享者和帮助者，因此他们受朋友的影响会比受父母的影响更大。

对这一时期的孩子来说，朋友比父母重要了许多，朋友之间的规范常常是孩子目前最大的行为准则。他们希望被朋友接纳、不被朋友排斥，有学者称之为“同侪团体”的标准“压力”。对这一时期的孩子来说，好的朋友会帮助他走正道，不好的朋友则可能让他走上歧途。如果孩子不慎交上坏朋友，加上孩子本身好奇心强和分辨是非的能力尚未成熟，他就很可能产生偏差行为。所以，对青少年的交友情况，身为父母的必须注意。

我们建议父母：只要他们不是相约做坏事，请尊重孩子交朋友的自主性，赋予他们交友的基本自由。任何人都有权选择他要交的朋友，孩子也一样，给他这个学习经验的机会，也许他会被拒绝、受伤，甚至出现稍许的偏差，但只有让他自己理清交友中所学习到的经验，培养正确的价值判断能力，进而才能寻找到真正适合他自己的朋友。当然，做父母的也不能闲着，尽可能认识他的朋友，邀请他们到家里玩，和他们交谈，认识他们的父母。万一你不同意他的选择时，请尽管给孩子意见，但决定权一定要交给孩子，最好少说：“你看，我早就告诉过你吧！”否则，孩子的反抗会愈来愈大，反而离你越来越远。

此外，也不要刺探孩子交友的情况，因为对孩子来说，刺探等于侵犯他的隐私，且传达“我不信任你”的信息。在青春期，独立、自主是他们最高的目标。虽不能过于干涉，但孩子交友的情况一定要够清楚，适时提供你的建议，但决定权请交给他。

（二）学业要求

“望子成龙，望女成凤”是每个家长的愿望，但如前所述，孩子是一个独立的个体，有其特有的先天潜力和个性，不要刻意去将他塑造成自己设定的模样，除非是孩子愿意接受的。父母不要给其过高且不切实际的目标，以致孩子无法达到目标而形成自卑心理，乃至于自暴自弃。父母可采用渐进的方法，这样才能让孩子慢慢建立信心。

当然在学业上，孩子难免会遇到一些不如意或挫折，不要不加了解便先加以斥责。和孩子一同把原因找出来，寻求解决方案才是好办法。至于孩子的成绩，父母也不要拿来跟其他孩子或是兄弟姐妹比较，因为每个人的先天与后天条件都不同，自然不能盲目比较。

（三）穿着打扮

大多数父母都有过类似“你妈觉得你冷”或是因为自己的父母不让穿自己想穿的衣服而想疯狂吐槽的情况吧！即便现在回头想想，他们或许是对的，但在当时确实难以接受。每年的流行趋势都不同，子女和父母的眼光也不同，这再正常不过了。青春期是孩子寻求发展自我人格的重要阶段，对“品位”也是一样。在个人穿着品位的建立过程中，孩子也在不断调整自己：一方面要与众不同（至少不想和父母一样），一方面又要表现出对同侪团体的认同归属。所以，处理子女的穿着问题，父母可以依照前面提过的对“规范”的处理方式，与他平心静气地讨论你的感觉、倾听他的观点、了解他的看法，也给他一些你要求的原则，比如说整洁、得体、不奢华等等。经过互相沟通，在你能负担的一定预算内，以及约定好的原则之下，让他自己选择衣服。对于这个阶段孩子穿着的品位，父母不妨换个角度欣赏，说不定他到你这个年龄时，穿得比你还保守呢！

（四）偏差行为

（1）说谎

孩子在此阶段常会做错事，由于他们不如大人的思维周密，难免犯错，孩子可能会挑个目前看起来最容易应付的方法——通常是“说谎”，或是借此拖延它被发觉的时间，先冒个险，被逮到再说。

父母处理说谎的原则，不应该只针对谎言或是说谎这件事的表象，而是要去探究他选择说谎的背后原因。因为说谎本身是一个警示，真正的说谎原因才是问题的症结。是孩子没办法通过自己的能力实现某些需求？是孩子不想承担责任？还是父母对孩子犯错反应过激，孩子为了避免冲突而用说谎来搪塞你？

如果你发现孩子说谎了，先弄清楚事情经过，听听孩子怎么说，表达你对孩子的关心和自己对说谎行为的态度，与他一同面对问题，寻找解决方案。让孩子明白，面对类似的事情，除了说谎，他还有其他选择。此外，父母鼓励孩子诚实才是最好的解决方法，这不但能改善诸如晚回家、功课退步等学习生活上的事，对他以后的价值判断也有重大的影响。

（2）偷窃

偷窃案件在青少年犯罪记录中一直占有最高的比例，且有逐年增高的趋势。一方面是因为社会的物质引诱千变万化且越来越多，孩子未成熟的价值取向往往难以抗拒；另一方面孩子难免交上不良朋友，轻易屈服于“同侪压力”等外在因素。

父母在防治青少年偷窃行为的努力上，可归纳为以下三点：

①家中若经常遗失金钱或物品，且明显看出并非外人所为时，先提醒自己不要乱放钱，不要在无意中给孩子设置引诱孩子犯错的陷阱。其次，开诚布公地找孩子沟通，了解孩子偷窃的动机及需要，明定不可再犯的规范。

②孩子若经常有来路不明的贵重物品，同样地以关切的心情与孩子沟通，了解物品的真实来源，并适时讨论正确的金钱、价值观念。重要的是，正视偷窃事件本身的警示，讨论其背后行为的原因。有时你可能会发觉孩子只是想表现或肯定自己，或想吸引父母的注意，这时就得检讨自己过去和子女相处的方式了。

③孩子经常深夜出门、外出不归或与行为不良的朋友在一起，父母可运用前述制订规范的要领，制订出孩子应该交代外出的地点、回家的时间等规范，并约定好遵守及违反规范的措施。当然，正确地赚取及支配金钱的价值观念，更是父母与子女间沟通的重要课题。

（3）物质滥用

青少年物质滥用的种类包括烟、酒、药物、毒品等。“为什么我好好的孩子会沾上这些？”这几乎是所有物质滥用孩子的父母发现这件事情时的第一反应。可能他是迫于“同侪压力”，可能是受电影、小说中人物或情节的影响，但发展成物质滥用甚至是成瘾行为还是由他自己决定的，所以青少年物质滥用更可能的原因是来自他自己好奇心的驱使或者是因缺乏自信而采取的一种逃避问题的方式。

如何知道孩子可能有物质滥用的行为呢？这里有一些线索：

①巨大的情绪变化。几乎毫无理由就会轻易发怒，几乎足不出户，且坚持别人不可进入其房间。

②越来越不负责任。学校的功课忽然变坏，不交作业、迟到、逃学、经常晚回家、不理会家中的规定。

③换了朋友，穿着与以前不同的奇装异服，对学校或家中的一切失去兴趣。

④拒绝与父母谈话，回避父母的问题和眼光，常为小事与父母产生冲突。

⑤身体及智力明显地出现问题。食欲改变、体重忽然减轻、目光呆滞、头脑不清、反应迟钝、无故发笑。

倘若发现孩子确实有物质滥用情况，多数家长除了疑惑“为什么”之外，有时也会自责：“是我哪里做错了吗？”这种挫折感是难免的，但不要因此而慌乱，必须先接受这个事实，设法与孩子讨论，找出物质滥用的原因，提醒其法律的问题与对身体的不良影响，一起找出解决方法。通常父母会感到愤怒和伤心，这绝对是可以理解的，但这些不能解决问题。此时更不要将情绪转变成“攻击”的武器，因为这会造成亲子间的对立，阻碍沟通，还会造成孩子更强烈的反弹，依然故我，甚至变本加厉。心平气和地与孩子讨论戒除方法，给孩子一个改过自新的机会。

物质滥用对孩子身心发展皆有害，作为家长我们可以从以下几个方面早做预防：

①与孩子建立良好的亲子关系。平日多花时间与孩子沟通，多增加彼此的了解，让他知道无论有什么困难，都可以向父母求助，逃避绝非办法，父母永远都是爱他的。

②协助孩子建立自信。多鼓励他参加正面健康的活动，和他一起发掘他的潜力，并积极参与他感兴趣的活动，在他表现好的时候为他加油，并提供他发挥能力的机会，协助他找回成就感与自信。

③重视孩子的心理需求，比如被注意、被接纳、被关爱、被尊重、独立自主等需求，如果获取这些基本需求的途径不唯一，在家长那里也可以获得满足，孩子就不会如此依赖“同侪团体”了。

④与学校加强沟通，整合其他父母及相关资源，促进青少年抵御不良社会影响能力的发展。

最后想和家长说的就是，不要妄图寻找放诸四海而皆准的教育方法，更不要期望有一劳永逸的解决方案。无论哪种教育思想，哪种教育流派，最后都要和当下的社会环境、时代氛围结合在一起。

每个家庭，每对父母，每个孩子都是与众不同的，各有各的才华、各有各的性格，唯一相同的就是每个家庭，每对父母对家庭生活的重视，对家庭成员的责任以及对孩子的爱。

那么就让我们一起练好基本功，发展自己的教养之道吧。